Oscar Wilde

MÄRCHEN ZWISCHEN TAG UND TRAUM

Für Dennis

Oscar Wilde

MÄRCHEN ZWISCHEN TAG UND TRAUM

Mit Illustrationen von P. J. Lynch
Aus dem Englischen von Johanna Walser

Der Kinderbuch Verlag

Die Deutsche Bibliothek - CIP-Einheitsaufnahme

Wilde, Oscar:
Märchen zwischen Tag und Traum / Oscar Wilde. Mit Bildern von
P. J. Lynch. Aus dem Engl. von Johanna Walser. – Berlin :
Kinderbuch-Verl., 1994
Einheitssacht.: Stories for children <dt.>
ISBN 3-358-02126-2
NE: Lynch, P. J. [Ill.] ; Walser, Johanna [Übers.]

Titel der englischen Originalausgabe: Stories for Children

ISBN 3-358-02126-2

Inhalt

Der selbststüchtige Riese

Jeden Nachmittag, wenn sie von der Schule kamen, gingen die Kinder in den Garten des Riesen und spielten dort.

Es war ein großer herrlicher Garten mit weichem grünen Gras. Hier und da im Gras standen schöne Blumen wie Sterne, und da waren auch zwölf Pfirsichbäume, an denen im Frühling zarte Blüten aufbrachen, rosa und perlweiß, und die im Herbst schwere Früchte trugen. Die Vögel saßen auf den Bäumen und sangen so süß, daß die Kinder immer wieder mitten im Spiel stillhielten, um ihnen zuzuhören. „Wie glücklich sind wir hier!" riefen sie einander zu.

Eines Tages kam der Riese nach Hause zurück. Er hatte seinen Freund, den Menschenfresser mit den Hörnern, besucht und war sieben Jahre bei ihm geblieben. Nachdem die sieben Jahre um waren, hatte er alles gesagt, was er zu sagen hatte, denn sein Gesprächsstoff war begrenzt, und so beschloß er, auf sein eigenes Schloß zurückzukehren. Als er dort ankam, sah er die Kinder in seinem Garten spielen.

„Was tut ihr hier?" schrie er mit sehr barscher Stimme, und die Kinder liefen fort.

„Mein Garten ist mein Garten", sagte der Riese. „Das sieht jeder ein, und ich werde niemandem erlauben, darin zu spielen, außer mir selber."

Dann baute er eine hohe Mauer darum herum und stellte ein Schild auf:

> Unbefugten
> ◦ ist das Betreten dieses Grundstückes ◦
> bei Strafe verboten

Er war ein sehr selbstsüchtiger Riese.

Nun konnten die armen Kinder nirgends mehr spielen. Sie versuchten, auf der Straße zu spielen, aber die Straße war sehr staubig und voller Steine, und sie mochten sie nicht. Nach der Schule gingen sie immer und immer wieder um die hohe Mauer herum und sprachen über den schönen Garten dahinter. „Wie glücklich waren wir dort", sagten sie zueinander.

Dann kam der Frühling, und die Gegend war überall voller kleiner Blüten und kleiner Vögel. Bloß im Garten des selbstsüchtigen Riesen war noch Winter. Die Vögel hatten keine Lust, dort zu singen, weil dort keine Kinder waren, und die Bäume vergaßen zu blühen. Einmal streckte eine schöne Blume ihren Kopf aus dem Gras hervor, aber als sie das Schild sah, taten ihr die Kinder so leid, daß sie wieder in den Boden zurückschlüpfte und einschlief.

Die einzigen, die sich freuten, waren der Schnee und der Frost. „Der Frühling hat diesen Garten vergessen", schrien sie, „also werden wir hier das ganze Jahr über leben." Der Schnee deckte das Gras zu mit seinem großen weißen Mantel, und der Frost bemalte alle Bäume silbern. Dann luden sie den Nordwind ein, bei ihnen zu wohnen, und er kam. Er war in Pelz gehüllt, und er brüllte den ganzen Tag im Garten herum und blies die Schornsteine herunter. „Das ist ein herrlicher Platz", sagte er, „wir müssen den Hagel zu Besuch bitten." So kam der Hagel. Jeden Tag rasselte er drei Stunden lang auf das Schloßdach herab, bis er fast alle Schindeln zerbrochen hatte, und dann rannte er rund um den Garten, so schnell er konnte. Er war grau angezogen, und sein Atem war wie Eis.

„Ich kann nicht verstehen, warum der Frühling so spät kommt", sagte der selbstsüchtige Riese, als er am Fenster saß und in seinen kalten, weißen Garten hinausschaute. „Ich hoffe, das Wetter ändert sich bald."

Aber der Frühling kam nie, auch nicht im Sommer. Der Herbst schenkte jedem Garten goldene Früchte, aber dem Garten des Riesen schenkte er keine. „Er ist zu selbstsüchtig", sagte der Herbst. Deshalb war dort immer Winter, und der Nordwind und der Hagel und der Frost und der Schnee tanzten zwischen den Bäumen hindurch.

Eines Morgens lag der Riese wach im Bett, als er wunderschöne Musik hörte. Sie klang ihm so süß im Ohr, daß er dachte, es müßten die Musiker des Königs sein, die gerade vorbeikämen. In Wirklichkeit war es nur ein kleiner Hänfling, der draußen vor seinem Fenster sang, aber in seinem Garten hatte so lange kein Vogel mehr gesungen, daß es dem Riesen wie die schönste Musik der Welt erschien. Da hörte der Hagel auf, über seinem Kopf zu tanzen, und der Nordwind ließ das Brüllen, und ein köstlicher Duft wehte durch die offenen Fensterflügel. „Ich glaube, endlich ist der Frühling da", sagte der Riese; und er sprang aus dem Bett und schaute hinaus.

Was sah er?

Er sah etwas ganz Wundervolles. Durch ein kleines Loch in der Mauer waren die Kinder hereingekrochen, und sie saßen in den Ästen der Bäume. Kaum ein Baum, in dem er kein Kind sah. Und die Bäume freuten sich so sehr darüber, die Kinder wiederzuhaben, daß sie sich mit Blüten bedeckt hatten, und sie ließen ihre Zweige sanft über den Köpfen der Kinder schwingen. Die Vögel flogen umher und zwitscherten vor Freude, und die Blumen blickten durchs grüne Gras hinauf und lachten. Es war ein liebliches Bild, nur in einem Winkel war noch Winter. Es war der verborgenste Winkel im Garten, und dort stand ein kleiner Junge. Er war so klein, daß er nicht bis zu den Ästen des Baums hinaufreichen konnte, und er ging immer wieder um den Baum herum und weinte herzzerreißend. Der arme Baum war immer noch ganz zugedeckt von Frost und Schnee, und der Nordwind blies und brüllte über ihm. „Klettere herauf, kleiner Junge!" sagte der Baum, und er bog seine Äste so tief hinab, wie er konnte; aber der Junge war zu winzig.

Das Herz des Riesen wurde weich, als er hinausschaute. „So selbstsüchtig bin ich gewesen!" sagte er. „Jetzt weiß ich, warum der Frühling nicht hierherkommen wollte. Ich werde diesen armen kleinen Jungen auf den höchsten Wipfel des Baums setzen, dann werde ich die Mauer umstoßen, und mein Garten soll für alle Zeiten der Spielplatz der Kinder sein." Er bereute wirklich sehr, was er getan hatte.

Er schlich also die Treppe hinunter, öffnete ganz leise die Haustür und ging in den Garten. Aber als die Kinder ihn sahen, fürchteten sie sich so sehr, daß sie alle wegrannten, und im Garten wurde es wieder Winter. Nur der kleine Junge lief nicht weg, denn seine Augen waren so voll Tränen, daß er den Riesen nicht kommen sah. Der Riese stahl sich hinter ihn, nahm ihn behutsam in seine Hand und setzte ihn hinauf in den Baum. Und auf einmal und die Vögel kamen auf den Baum und sangen, und der kleine Junge streckte beide Arme aus, schlang sie dem Riesen um den Hals und küßte ihn. Als die anderen Kinder sahen, daß der Riese nicht mehr böse war, kamen sie zurückgelaufen, und mit ihnen kam der Frühling.

„Der Garten gehört jetzt euch, Kinderchen", sagte der Riese, und er nahm eine große Axt und stieß die Mauer um.

Als die Leute um zwölf Uhr

zum Markt gingen, sahen sie den Riesen mit den Kindern spielen im schönsten Garten, den sie je gesehen hatten. Den ganzen langen Tag spielten sie, und am Abend kamen sie, um sich vom Riesen zu verabschieden. „Aber wo ist denn euer kleiner Gefährte“, sagte er, „der kleine Junge, den ich in den Baum gesetzt habe?“ Der Riese liebte ihn mehr als alle anderen, weil er ihn geküßt hatte.

„Wissen wir nicht“, antworteten die Kinder, „er ist fortgegangen.“ „Ihr müßt ihm sagen, er soll unbedingt morgen wiederkommen“, sagte der Riese. Aber die Kinder sagten, sie wüßten nicht, wo er wohne, und sie hätten ihn nie zuvor gesehen; und der Riese wurde sehr traurig.

Der Riese war sehr freundlich zu allen Kinder, trotzdem sehnte er sich nach seinem ersten kleinen Freund und sprach oft von ihm. „So gern würde ich ihn wiedersehen!“ sagte er immer und immer wieder.

Jahre vergingen, und der Riese wurde alt und schwach. Er konnte nicht mehr mit den Kindern herumspringen, und so saß er in einem riesigen Lehnstuhl, schaute ihnen beim Spielen zu und bewunderte seinen Garten. „Ich habe viele wunderschöne Blumen“, sagte er, „aber die Kinder sind die wunderschönsten Blumen von allen.“

An einem Wintermorgen schaute er aus seinem Fenster, während er sich anzog. Er haßte jetzt den Winter nicht mehr, denn er wußte, daß der Frühling nur schlief und daß die Blumen sich ausruhten. Plötzlich rieb er sich verwundert die Augen und schaute und schaute. Was er sah, war wirklich wunderbar. Im verborgensten Winkel des Gartens war ein Baum über und über bedeckt mit lieblichen weißen Blüten. Seine Zweige waren ganz golden, und silbern hingen Früchte an ihm herab, und darunter stand der kleine Junge, den er geliebt hatte.

Voller Freude rannte der Riese die Treppe hinab und hinaus in den Garten. Er hastete über den Rasen, auf das Kind zu. Als er ganz nah bei ihm stand, lief sein Gesicht rot an vor Zorn, und er sagte: „Wer hat es gewagt, dich zu verwunden?“ Denn an den Handflächen des Kindes waren die Male von zwei Nägeln, und die Male von zwei Nägeln waren an den kleinen Füßen.

„Wer hat es gewagt, dich zu verwunden?“ schrie der Riese. „Sag es mir, damit ich mein großes Schwert hole und ihn erschlage.“

„Nein!“ antwortete das Kind. „Dies sind doch die Wunden der Liebe.“

„Wer bist du?“ sagte der Riese, und eine seltsame Scheu überfiel ihn, und er kniete vor dem kleinen Kind.

Das Kind lächelte dem Riesen zu und sagte zu ihm: „Einmal hast du mich in deinem Garten spielen lassen, heute sollst du mit mir in meinen Garten kommen, ins Paradies.“

Und als die Kinder an diesem Nachmittag hereinstürmten, fanden sie den Riesen tot unter dem Baum liegen, ganz zugedeckt von weißen Blüten.

Die Nachtigall und die Rose

„Sie sagte, sie würde mit mir tanzen, wenn ich ihr rote Rosen brächte“, schrie der junge Student. „Aber in meinem ganzen Garten gibt es keine rote Rose.“

In ihrem Nest auf der Eiche hörte ihn die Nachtigall, und sie schaute hinaus durch die Blätter und wunderte sich.

„Keine rote Rose in meinem ganzen Garten“, schrie er, und seine schönen Augen füllten sich mit Tränen. „Ach, von was für kleinen Dingen Glück abhängt! Alles habe ich gelesen, was die weisen Männer geschrieben haben, und alle Geheimnisse der Philosophie sind mein, trotzdem ist mein Leben unglücklich, weil eine rote Rose fehlt.“

„Das ist endlich einmal ein wahrhaft Liebender“, sagte die Nachtigall. „Nacht für Nacht habe ich von ihm gesungen, obwohl ich ihn nicht kannte. Nacht für Nacht habe ich seine Geschichte den Sternen erzählt, und jetzt sehe ich ihn. Dunkel wie die Hyazinthblüte ist sein Haar, und seine Lippen sind rot wie die Rose seines Wunsches. Aber Leidenschaft hat sein Gesicht bleich wie Elfenbein gemacht, und der Kummer hat ihm sein Zeichen auf die Stirn gedrückt.“

„Der Prinz gibt morgen nacht einen Ball“, murmelte der junge Student, „und meine Liebste wird unter den Gästen sein. Wenn ich ihr eine rote

Rose bringe, wird sie mit mir tanzen, bis der Tag anbricht. Wenn ich ihr eine rote Rose bringe, werde ich sie in meinen Armen halten, und sie wird ihren Kopf an meine Schulter lehnen, und ihre Hand wird umschlungen sein von der meinen. Aber es gibt keine rote Rose in meinem Garten, deshalb werde ich einsam dasitzen, und sie wird an mir vorübergehen. Sie wird mich nicht beachten, und mir wird das Herz brechen.“

„Das ist tatsächlich ein wahrhaft Liebender“, sagte die Nachtigall. „Wovon ich singe, darunter leidet er: Was mir Freude ist, für ihn ist es Schmerz. Liebe ist wirklich etwas Wundervolles. Sie ist kostbarer als Smaragde und teurer als feingeschliffene Opale. Perlen und Granatschmuck können sie nicht kaufen, noch wird sie auf dem Marktplatz angeboten. Kaufleute können nicht mit ihr handeln, noch kann sie für Gold auf der Waage ausgewogen werden.“

„Die Musiker werden auf ihrer Empore sitzen“, sagte der junge Student, „und auf ihren Saiteninstrumenten spielen, und meine Liebste wird zum Klang der Harfe und der Geige tanzen. Sie wird tanzen, so leicht, daß ihre Füße den Boden nicht berühren, und die Höflinge in ihren bunten Kleidern werden sich um sie scharen. Aber mit mir wird sie nicht tanzen, weil ich ihr keine rote Rose geben kann.“ Er warf sich ins Gras und vergrub sein Gesicht in seinen Händen und weinte.

„Warum weint er?“ fragte eine kleine grüne Eidechse, während sie, den Schwanz in der Luft, an ihm vorbeihuschte.

„Ja, warum?“ flüsterte ein Gänseblümchen neben dem Studenten, sanft und leise.

„Er weint wegen einer roten Rose“, sagte die Nachtigall. „Wegen einer roten Rose“, schrieen sie, „wie lächerlich!“ Die kleine Eidechse, die so etwas wie ein Zyniker war, lachte lauthals. Aber die Nachtigall wußte alles über den Kummer des Studenten. Still saß sie auf der Eiche und dachte über das Geheimnis der Liebe nach.

Auf einmal breitete sie ihre braunen Flügel zum Flug aus und schwang sich in die Luft. Sie glitt durch das Gehölz wie ein Schatten, und wie ein Schatten segelte sie über den Garten hin.

In der Mitte der Rasenfläche stand ein schöner Rosenstock, und als sie ihn sah, flog sie zu ihm und ließ sich auf einem Zweig nieder. „Gib mir eine

rote Rose“, rief sie, „und ich singe für dich mein süßestes Lied.“

Aber der Strauch schüttelte seinen Kopf.

„Meine Rosen sind weiß“, antwortete er, „weiß wie der Schaum des Meeres und weißer als der Schnee auf den Bergen. Aber geh zu meinem Bruder, der sich um die alte Sonnenuhr rankt, vielleicht gibt er dir, was du willst.“

So flog die Nachtigall zum Rosenstock, der sich um die alte Sonnenuhr rankte. „Gib mir eine rote Rose“, sagte sie, „und ich singe für dich mein süßestes Lied.“

Aber der Strauch schüttelte seinen Kopf.

„Meine Rosen sind gelb“, antwortete er, „gelb wie das Haar der Meerjungfrau, die auf einem Bernsteinthron sitzt, und gelber als die Narzisse, die auf der Wiese blüht, bevor der Mäher mit seiner Sense kommt. Aber geh zu meinem Bruder, der unter dem Fenster des Studenten blüht, vielleicht gibt er dir, was du willst.“

So flog die Nachtigall zum Rosenstock, der unter dem Fenster des Studenten wuchs.

„Gib mir eine rote Rose", rief sie, „und ich singe für dich mein süßestes Lied."

Aber der Strauch schüttelte seinen Kopf.

„Meine Rosen sind rot", antwortete er, „rot wie die Füße der Taube und röter als die Korallenfächer, die in den Meeresgrotten wogen und wogen. Aber der Winter ließ meine Adern gefrieren, und der Frost ließ meine Knospen erfrieren, und der Sturm hat meine Zweige zerbrochen, und ich werde dieses Jahr keine Rosen haben."

„Eine einzige rote Rose will ich ja nur", rief die Nachtigall, „nur eine einzige! Gibt es denn keine Möglichkeit, wie ich eine rote Rose bekommen kann?"

„Es gibt eine", antwortete der Strauch, „aber die ist so schrecklich, daß ich mich nicht getraue, sie dir zu sagen."

„Sag sie mir", sagte die Nachtigall, „ich habe keine Angst."

„Wenn du eine rote Rose haben willst", sagte der Strauch, „mußt du sie bei Mondlicht aus Gesang erschaffen und mit deinem eigenen Herzblut färben. Du mußt für mich singen und deine Brust gegen einen Dorn pressen. Die ganze Nacht mußt du für mich singen, der Dorn muß dein Herz durchbohren, und dein Lebensblut muß in meine Adern fließen und meines werden."

„Der Tod ist ein hoher Preis für eine rote Rose", rief die Nachtigall, „und das Leben ist allen sehr lieb. Es ist angenehm, im grünen Wald zu sitzen und der Sonne in ihrem goldenen Wagen zuzusehen und dem Mond in seinem Perlenwagen. Süß ist der Duft des Weißdorns, und süß sind die blauen Glockenblumen, die sich in Tälern verbergen, und das Heidekraut, das auf dem Hügel blüht. Aber Liebe ist besser als das Leben, und was ist das Herz eines Vogels gegen das Herz eines Menschen?"

So breitete sie ihre braunen Flügel zum Flug aus und schwang sich in die Luft. Sie schwebte über den Garten wie ein Schatten, und wie ein Schatten glitt sie durch das Gehölz. Noch immer lag der junge Student im Gras, wo sie ihn zurückgelassen hatte, und die Tränen in seinen schönen Augen waren noch nicht getrocknet.

„Freue dich", rief die Nachtigall, „freue dich, du sollst deine rote Rose bekommen. Ich werde sie bei Mondlicht aus Gesang erschaffen und sie mit

meinem eigenen Herzblut färben. Alles, was ich von dir dafür verlange, ist, daß du deiner Liebe treu bleibst, denn Liebe ist weiser als Philosophie, obwohl diese auch weise ist, und mächtiger als Macht, obwohl diese auch mächtig ist. Flammenfarben sind ihre Flügel, und von der Farbe der Flamme ist ihr Leib. Ihre Lippen sind süß wie Honig, und ihr Atem ist wie Weihrauch."

Der Student blickte aus dem Gras auf und horchte, aber er konnte nicht verstehen, was die Nachtigall zu ihm sagte, denn er wußte nur das, was in Büchern steht.

Aber die Eiche verstand es und war traurig, denn sie hatte die kleine Nachtigall, die ihr Nest in ihren Zweigen gebaut hatte, sehr gern.

„Sing noch ein letztes Lied für mich", flüsterte sie. „Ich werde mich sehr einsam fühlen, wenn du nicht mehr da bist."

So sang die Nachtigall für die Eiche, und ihre Stimme war wie Wasser, das aus einem silbernen Gefäß sprudelt.

Nachdem sie ihr Lied beendet hatte, stand der Student auf und zog ein Notizbuch und einen Bleistift aus seiner Tasche.

„Sie hat Form“, sagte er zu sich selber, während er fortging aus dem Gehölz, „das muß man ihr lassen; aber hat sie auch Gefühl? Ich fürchte, nein. Ja wirklich, sie ist wohl wie die meisten Künstler; alles nur Stil, ohne echte Innerlichkeit. Sie würde sich nie für andere opfern. Sie denkt bloß an Gesang, und jeder weiß, wie selbstsüchtig die Künste sind. Doch man muß zugeben, daß sie ein paar schöne Töne in ihrer Stimme hat. Wirklich schade, daß sie weder etwas bedeuten oder ausdrücken noch irgendeinen praktischen Wert haben.“ Er trat in sein Zimmer und legte sich auf sein schmales Bett und fing an, an seine Liebe zu denken; bald war er eingeschlafen.

Als der Mond vom Himmel schien, flog die Nachtigall zum Rosenstock und drückte ihre Brust gegen den Dorn. Die ganze Nacht sang sie, die Brust gegen den Dorn gepreßt, und der kalte kristallene Mond neigte sich herab und hörte zu. Die ganze Nacht sang sie, der Dorn drang tiefer und tiefer in ihre Brust,

und ihr Lebensblut strömte weg von ihr.

Zuerst sang sie vom Erwachen der Liebe im Herzen eines Jungen und eines Mädchens. Und am höchsten Zweig des Rosenstocks blühte eine wunderbare Rose auf, Blatt folgte auf Blatt, wie Lied auf Lied. Blaß war sie erst, wie der Nebel, der über dem Fluß hängt – blaß wie die Füße des Morgens und silbern wie die Flügel der Dämmerung. Wie der Schatten einer Rose in einem Spiegel aus Silber, wie der Schatten einer Rose in einem Teich, so war die Rose, die am höchsten Zweig des Strauchs aufblühte.

Aber der Strauch rief der Nachtigall zu, sich noch fester gegen den Dorn zu pressen. „Drück fester, kleine Nachtigall", rief der Strauch, „sonst bricht der Tag an, bevor die Rose vollendet ist."

So preßte sich die Nachtigall ganz fest gegen den Dorn, und lauter und lauter wurde ihr Lied, denn sie sang vom Erwachen der Leidenschaft in der Seele von Mann und Frau.

Und ein zartes rosiges Glühen kam über die Blätter der Rose, wie das Erröten über das Gesicht des Bräutigams, wenn er die Lippen seiner Braut küßt. Aber der Dorn war noch nicht bis an ihr Herz gedrungen, daher blieb das Herz der Rose weiß, denn nur das Herzblut einer Nachtigall kann das Herz einer Rose rot färben.

Und der Strauch rief der Nachtigall zu, sich fester gegen den Dorn zu pressen. „Drück fester, kleine Nachtigall", rief der Strauch, „sonst bricht der Tag an, bevor die Rose vollendet ist."

So preßte sich die Nachtigall fester gegen den Dorn, und der Dorn berührte ihr Herz, und ein heftiger, stechender Schmerz durchzuckte sie. Bitter, bitter war der Schmerz, und wilder und wilder wurde ihr Lied, denn sie sang von der Liebe, die sich im Tod vollendet, von der Liebe, die im Grab nicht stirbt.

Und die wunderbare Rose färbte sich tiefrot, wie das Rosenrot des östlichen Himmels. Rot waren die äußeren Blütenblätter, und rot wie ein Rubin war das Herz.

Aber die Stimme der Nachtigall wurde schwächer, ihre kleinen Flügel fingen an zu flattern, und über ihre Augen zog sich ein Schleier. Schwächer und schwächer wurde ihr Lied, und sie spürte, wie etwas in ihrer Kehle sie würgte.

Dann verströmte sie sich in ihren letzten Tönen. Der weiße Mond hörte es und vergaß, daß der Tag schon anbrach, und blieb am Himmel. Die rote Rose hörte zu, und sie vibrierte, überwältigt von Freude, und öffnete ihre Blüte der kalten Morgenluft. Das Echo trug den Gesang zu seiner Purpurhöhle in den Bergen und weckte die schlafenden Schäfer aus ihren Träumen. Es schwebte durch das Schilf am Fluß, und das trug die Botschaft zum Meer.

„Schau, schau!" rief der Strauch. „Jetzt ist die Rose vollendet." Aber die Nachtigall gab keine Antwort, denn sie lag tot im hohen Gras, mit dem Dorn im Herzen.

Um die Mittagszeit öffnete der Student sein Fenster und blickte hinaus.

„Also wirklich, was für ein Wunder, was für ein glücklicher Zufall!" rief er. „Eine rote Rose! So eine Rose habe ich noch nie in meinem Leben gesehen. Sie ist so schön, daß ich sicher bin, sie hat einen langen lateinischen Namen." Er beugte sich hinab und pflückte sie.

Dann setzte er seinen Hut auf und rannte auf das Haus des Professors zu, mit der Rose in der Hand.

Die Tochter des Professors saß vor der Tür und wickelte blaue Seide auf eine Spule, und ihr Hündchen lag ihr zu Füßen.

„Du sagtest, du würdest mit mir tanzen, wenn ich dir eine rote Rose brächte", rief der Student. „Hier ist die röteste Rose der ganzen Welt. Trag sie heute abend an deinem Herzen, und wenn wir miteinander tanzen, wird sie dir erzählen, wie ich dich liebe."

Aber das Mädchen verzog das Gesicht. „Ich fürchte, sie paßt nicht zu meinem Kleid", antwortete sie. „Außerdem hat mir der Neffe vom Kammerherrn echte Juwelen geschickt, und das weiß doch jeder, daß Juwelen viel wertvoller sind als Blumen."

„Ja, wahrhaftig, du bist undankbar", sagte der Student zornig; er warf die Rose auf die Straße, wo sie in den Schmutz fiel, und ein Wagenrad fuhr darüber.

„Undankbar!" rief das Mädchen. „Ich will dir einmal was sagen, du bist ziemlich unverschämt; und überhaupt, wer bist du schon? Nur ein Student. Wahrscheinlich hast du nicht einmal silberne Schnallen an deinen Schuhen wie der Neffe des Kammerherrn." Und sie stand von ihrem Stuhl auf und ging ins Haus.

„Wie dumm ist doch die Liebe", sagte der Student, während er wegging. „Sie ist nicht halb so nützlich wie die Logik, denn sie beweist gar nichts, und sie erzählt einem immer von Dingen, die nie geschehen werden, und läßt einen Dinge glauben, die nicht wahr sind. Sie ist tätsächlich völlig nutzlos, und da es in unserer Zeit darauf ankommt, praktisch zu sein, kehre ich zur Philosophie zurück und studiere Metaphysik."

Und er ging wieder in sein Zimmer zurück, zog ein großes verstaubtes Buch heraus und fing an zu lesen.

Der treue Freund

Eines Morgens streckte die alte Wasserratte den Kopf aus ihrem Loch. Sie hatte kleine, runde glänzende Augen und einen steifen grauen Schnurrbart, und ihr Schwanz war wie ein langes Stück schwarzer Kautschuk. Die kleinen Enten schwammen auf dem Teich umher, sahen genauso aus wie eine Schar gelber Kanarienvögel, und ihre Mutter, die schneeweiß war und richtig rote Beine hatte, versuchte ihnen beizubringen, wie man im Wasser auf dem Kopf steht.

„Ihr werdet nie in der besten Gesellschaft verkehren, wenn ihr nicht auf dem Kopf stehen könnt", sagte sie immer wieder zu ihnen; und immer wieder zeigte sie ihnen, wie man das macht. Aber die kleinen Enten schenkten ihr keine Aufmerksamkeit. Sie waren so jung, daß sie nicht wußten, von welchem Vorteil es ist, überhaupt in der Gesellschaft zu verkehren.

„Was für unfolgsame Kinder!" schrie die alte Wasserratte. „Sie verdienen es wirklich, daß man sie ertränkt."

„Durchaus nicht", antwortete die Entenmutter, „jeder muß einmal anfangen, und Eltern können gar nicht geduldig genug sein."

„Ach! Ich weiß nichts über elterliche Gefühle", sagte die Wasserratte. „Ich bin kein Familienvater. Ja wirklich, ich war nie verheiratet und will es auch niemals sein. Liebe ist ja ganz schön auf ihre Art, aber Freundschaft ist doch viel höher einzuschätzen. Ich kenne tatsächlich nichts Edleres oder Selteneres auf der Welt als eine treue Freundschaft."

„Und was, bitte, stellst du dir unter einem treuen Freund vor?" fragte der Grünspecht, der in einer Weide in der Nähe saß und das Gespräch mit angehört hatte.

„Ja, genau das will ich auch wissen", sagte die Ente, und sie schwamm fort an das andere Ende des Teichs und stand da kopf, um ihren Kindern ein gutes Beispiel zu geben.

„Was für eine dumme Frage!" rief die Wasserratte. „Natürlich würde ich erwarten, daß mein treuer Freund mir treu wäre."

„Und was würdest du selbst ihm dafür bieten?" fragte der kleine Vogel, schwang sich auf einen silbernen Zweig und flatterte mit seinen winzigen Flügeln.

„Ich verstehe dich nicht", antwortete die Wasserratte.

„Laß mich dir dazu eine Geschichte erzählen", sagte der Specht.

„Handelt die Geschichte von mir?" fragte die Wasserratte. „Wenn ja, will ich sie mir anhören, denn ich liebe Romane über alles."

„Sie ist auch auf dich anwendbar", antwortete der Specht; und er flog herab, ließ sich am Ufer nieder und erzählte die Geschichte vom treuen Freund.

„Es war einmal ein lieber kleiner Kerl namens Hans", sagte der Specht.

„War irgend etwas ganz Besonderes an ihm?" fragte die Wasserratte.

„Nein", antwortete der Specht, „ich glaube, es war überhaupt nichts Besonderes an ihm, außer seinem guten Herzen und seinem lustigen, runden, gutmütigen Gesicht. Er lebte ganz allein in einem winzigen Häuschen und arbeitete jeden Tag in seinem Garten. In der ganzen Gegend war kein Garten so schön wie seiner. Studentennelken wuchsen dort und Levkojen und Hirtentäschel und Hahnenfuß. Es gab Damaszenerrosen und gelbe Rosen, lila Krokusse und goldene, purpurne Veilchen und weiße. Akelei und Wiesenschaumkraut, Majoran und wildes Basilienkraut, die Primel und die Lilie, die Osterglocke und die Gartennelke blühten und dufteten neben- und nacheinander, jede zu ihrer eigenen Zeit, wie die Monate kamen. Eine Blume löste die andere ab, so daß es immer Schönes zu sehen und Angenehmes zu riechen gab.

Der kleine Hans hatte eine ganze Menge Freunde, aber der treuste Freund von allen war der große Hugo, der Müller. Ja, so treu war der reiche Müller dem kleinen Hans, daß er nie an dessen Garten vorüberging, ohne sich über die Mauer zu beugen und einen großen Blumenstrauß zu pflücken oder eine Handvoll Gewürzkräuter oder seine Taschen mit Pflaumen und Kirschen vollzustopfen, wenn gerade Obstzeit war.

‚Wirkliche Freunde sollten alles gemeinsam haben', sagte der Müller immer, und Klein Hans nickte und lächelte und war sehr stolz darauf, einen Freund mit so edlen Gedanken zu haben. Manchmal meinten die Nachbarn freilich, es sei schon seltsam, daß der reiche Müller dem kleinen Hans nicht auch einmal etwas zum Dank dafür schenkte, obwohl er hundert Mehlsäcke in seiner Mühle aufgestapelt hatte und sechs Milchkühe und eine riesige Herde wolliger Schafe besaß. Aber Hans zerbrach sich über all das nie den Kopf, und nichts bereitete ihm größere Freude, als sich all das Wundervolle anzuhören, das der Müller immer über die Selbstlosigkeit der wahren Freundschaft sagte.

So arbeitete Klein Hans ununterbrochen in seinem Garten. Im Frühling, Sommer und Herbst war er sehr glücklich, aber wenn der Winter kam und er weder Obst noch Blumen auf den Markt zu bringen hatte, litt er ganz erheblich unter Kälte und Hunger und mußte oft zu Bett gehen, ohne etwas anderes zu Abend gegessen zu haben als ein paar getrocknete Birnen oder einige harte Nüsse. Im Winter war er auch sehr einsam, weil der Müller ihn da nie besuchen kam. ‚Es hat gar keinen Sinn, daß ich den kleinen Hans besuche, solange Schnee liegt', sagte der Müller immer zu seiner Frau, ‚denn wenn es den Leuten schlecht geht, sollte man sie allein lassen und nicht mit Besuchen belästigen. Das ist zumindest meine Auffassung von Freundschaft, und ich bin sicher, daß ich recht habe. Darum warte ich lieber, bis der Frühling kommt, und besuche ihn dann. Er kann mir dann einen großen Korb Primeln schenken, das wird ihn ganz glücklich machen.'

‚Du sorgst dich wirklich sehr um andere', antwortete seine Frau, während sie in ihrem bequemen Sessel am lodernden Kiefernholzfeuer saß, ‚du sorgst dich wirklich sehr. Es ist ein wahrer Genuß, dich über

Freundschaft reden zu hören. Ich bin überzeugt, nicht einmal der Pfarrer könnte so schön darüber sprechen wie du, obwohl er in einem dreistöckigen Haus wohnt und einen goldenen Ring an seinem kleinen Finger trägt.'

‚Aber könnten wir den kleinen Hans nicht einmal hierher zu uns einladen?' sagte der jüngste Sohn des Müllers. ‚Wenn es dem armen Hans schlecht geht, möchte ich ihm die Hälfte von meinem Brei geben und ihm meine weißen Kaninchen zeigen.'

‚Was für ein dummer Junge du bist!' rief der Müller. ‚Ich weiß wirklich nicht, was es für einen Sinn hat, dich in die Schule zu schicken. Du scheinst überhaupt nichts zu lernen. Wenn der kleine Hans nun also tatsächlich hierher käme und unser warmes Feuer sähe und unser gutes Abendessen und unser riesiges Faß voll roten Wein, könnte er neidisch werden, und Neid ist das Allerschrecklichste und verdirbt jeden Charakter. Natürlich werde ich es nie zulassen, daß Hans' Charakter verdorben wird. Ich bin sein bester Freund und will immer auf ihn aufpassen und dafür sorgen, daß er nie in Versuchung geführt wird. Außerdem würde mich Hans, wenn er hierher käme, vielleicht darum bitten, ihm ein bißchen Mehl auf Kredit zu geben, und das könnte ich einfach nicht tun. Mehl ist eine Sache und Freundschaft eine andere, und man sollte die beiden nicht durcheinanderbringen. Bitte, die beiden Wörter werden verschieden buchstabiert und bedeuten etwas völlig Verschiedenes. Das sieht jeder ein.'

‚Wie gut du sprichst!' sagte die Müllersfrau, während sie sich ein großes Glas warmes Ale einschenkte. ‚Wirklich, ich bin schon ganz schläfrig, es ist genauso, wie wenn ich in der Kirche bin.'

‚Es gibt eine Menge Leute, die Gutes tun, aber sehr wenige Leute sprechen gut, was beweist, daß Sprechen das um vieles Schwierigere von beidem ist und auch viel feiner.' Und er schaute streng über den Tisch auf seinen kleinen Sohn, der sich so sehr schämte, daß er seinen Kopf hängen ließ, ganz dunkelrot anlief und in seinen Tee zu weinen begann. Aber er war ja noch so jung, daß ihr ihm das verzeihen müßt."

„Ist die Geschichte jetzt zu Ende?" fragte die Wasserratte.

„Natürlich nicht", antwortete der Specht, „sie beginnt erst."

„Du bist sehr altmodisch", sagte die Wasserratte. „Jeder gute Erzähler beginnt heute mit dem Ende, kommt zum Anfang und schließt mit der Mitte. Das ist die moderne Methode. Ich hörte neulich alles darüber von einem Kritiker, der mit einem jungen Mann um den Teich spazierte. Er sprach sehr ausführlich über dieses Thema, und ich bin überzeugt, daß er in allem recht hatte, denn er hatte eine blaue Brille und eine Glatze, und wann immer der junge Mann irgendeine Bemerkung machte, antwortete er jedesmal nur ‚pah!' Aber bitte erzähle die Geschichte weiter. Ich mag den Müller unendlich gern. Aber ich habe alle möglichen schönen Empfindungen, deshalb besteht diese große Sympathie zwischen uns."

„Nun", sagte der Specht und hüpfte immer wieder von einem Bein auf das andere, „sobald der Winter vorbei war und die Primeln allmählich ihre blassen gelben Sterne öffneten, sagte der Müller zu seiner Frau, er wolle jetzt den kleinen Hans besuchen gehen.

‚Was für ein gutes Herz du hast!' rief seine Frau. ‚Immer denkst du an die anderen. Vergiß nicht, den großen Korb für die Blumen mitzunehmen.'

Also band der Müller die Flügel der Windmühle mit einer starken Eisenkette fest und ging, den Korb am Arm, den Hügel hinunter.

‚Guten Morgen, kleiner Hans', sagte der Müller.

‚Guten Morgen', sagte Hans, sich auf seinen Spaten stützend, und lächelte von einem Ohr zum anderen.

‚Wie ging es dir den Winter über?' fragte der Müller.

‚Nun', rief Hans, ‚es ist wirklich sehr gütig von dir, mich danach zu fragen, sehr gütig, wirklich. Leider habe ich es schon ziemlich schwer gehabt, aber jetzt ist der Frühling gekommen, und ich bin ganz glücklich, und allen meinen Blumen geht es gut.'

‚Wir haben im Winter oft von dir gesprochen, Hans', sagte der Müller, ‚und fragten uns, wie es dir so gehe.'

‚Das war sehr freundlich von euch', sagte Hans. ‚Ich habe schon halb gefürchtet, du hättest mich vergessen.'

‚Hans, du erstaunst mich', sagte der Müller. ‚Freundschaft vergißt niemals. Das ist ja das Wundervolle an ihr, aber ich fürchte, du verstehst die Poesie des Lebens nicht. Übrigens, wie lieblich deine Primeln aussehen!'

,Ja, sie sind wirklich sehr lieblich', sagte Hans, ,es ist ein übergroßes Glück für mich, daß ich so viele habe. Ich werde sie auf den Markt bringen und der Tochter des Bürgermeisters verkaufen und mit dem Geld dann meinen Karren zurückkaufen.'

,Deinen Karren zurückkaufen? Du willst doch nicht etwa sagen, du hast ihn verkauft? Das wäre ja das Allerdümmste.'

,Nun ja, siehst du', sagte Hans, ,ich war einfach dazu gezwungen. Verstehst du, im Winter ging es mir wirklich sehr schlecht, und ich hatte kein bißchen Geld mehr, um Brot zu kaufen. Also habe ich zuerst die Silberknöpfe von meiner Sonntagsjacke verkauft, dann habe ich meine silberne Kette verkauft, dann habe ich meine lange Pfeife verkauft, und zuletzt habe ich meinen Karren verkauft. Aber jetzt kaufe ich das alles wieder zurück.'

,Hans', sagte der Müller, ,ich möchte dir meinen Karren schenken. Er ist zwar in keinem sehr guten Zustand; ja, eine Seite fehlt ihm ganz, und mit den Speichen stimmt etwas nicht; aber ich möchte ihn dir trotzdem schenken. Ich weiß, das ist sehr großmütig von mir, und eine Menge Leute würden mich für völlig verrückt halten, weil ich mich von ihm trenne, aber ich bin nicht wie der Rest der Welt. Ich glaube, daß Großzügigkeit das Wesen der Freundschaft ist, und außerdem habe ich mir einen neuen Karren angeschafft. Ja, du kannst ganz beruhigt sein. Ich möchte dir meinen Karren schenken.'

,Also, das ist wirklich ganz großzügig von dir', sagte Klein Hans, und sein lustiges rundes Gesicht strahlte vor Freude. ,Ich kann ihn ja leicht wieder in Ordnung bringen, denn ich habe ein Holzbrett im Haus.'

,Ein Holzbrett!' sagte der Müller. ,Nun, genau das brauche ich für mein Scheunendach. Es hat nämlich ein riesiges Loch, und das Korn wird mir ganz naß, wenn ich es nicht flicke. Wie gut, daß du das erwähnt hast! Es ist schon seltsam, wie eine gute Tat immer eine andere nach sich zieht. Ich habe dir meinen Karren geschenkt, und jetzt schenkst du mir dein Brett. Natürlich ist der Karren viel mehr wert als das Brett, aber wahre Freundschaft achtet auf so etwas nicht. Bitte hol sofort das Brett, und ich werde noch am heutigen Tag die Arbeit an meiner Scheune machen lassen.'

‚Natürlich', rief der kleine Hans, und er rannte in den Schuppen und schleppte das Brett heraus.

‚Sehr groß ist das Brett ja nicht', sagte der Müller, indem er es musterte, ‚und ich fürchte, wenn ich mein Scheunendach damit ausgebessert habe, wird für dich nicht mehr viel übrigbleiben, um deinen Karren zu reparieren, aber das ist natürlich nicht meine Schuld. Da ich dir jetzt meinen Karren geschenkt habe, willst du mir sicher gern dafür ein paar Blumen schenken. Hier ist mein Korb, und vergiß nicht, ihn ganz voll zu machen.'

‚Ganz voll?' sagte Klein Hans ziemlich bekümmert, denn der Korb war wirklich sehr groß, und er wußte, wenn er den füllen würde, blieben ihm keine Blumen mehr für den Markt übrig, und ihm lag doch so viel daran, seine silbernen Knöpfe zurückzubekommen.

‚Na hör mal', antwortete der Müller, ‚da ich dir meinen Karren geschenkt habe, glaube ich wirklich nicht, daß es zuviel ist, dich um ein paar Blumen zu bitten. Vielleicht irre ich mich, aber ich habe immer gedacht,

daß Freundschaft, wahre Freundschaft, völlig frei ist von jeder Art Eigennutz.‘

‚Mein lieber Freund, mein bester Freund‘, rief der kleine Hans, ‚alle Blumen in meinem Garten stehen dir zur Verfügung. An deiner guten Meinung liegt mir viel mehr als an meinen Silberknöpfen.‘ Er lief und pflückte alle seine hübschen Primeln und füllte mit ihnen den Korb des Müllers.

‚Auf Wiedersehen, kleiner Hans‘, sagte der Müller, während er den Hügel hinaufging mit dem Brett auf der Schulter und dem großen Korb in seiner Hand.

‚Auf Wiedersehen‘, sagte der kleine Hans, und er fing an, fröhlich draufloszugraben, so sehr freute er sich über den Karren.

Am nächsten Tag band er gerade das Geißblatt an der Veranda fest, als er hörte, wie der Müller ihn von der Straße aus rief. Also sprang er von der Leiter, rannte durch den Garten und schaute über die Mauer.

Da stand der Müller mit einem großen Sack Mehl auf dem Rücken.

‚Lieber kleiner Hans‘, sagte der Müller, ‚würdest du mir

diesen Sack Mehl auf den Markt tragen?'

‚Oh, es tut mir so leid', sagte Hans, ‚aber ich habe heute wirklich sehr viel zu tun. Ich muß alle meine Kletterpflanzen hochbinden und alle meine Blumen gießen und den Rasen walzen.'

‚Also wirklich', sagte der Müller, ‚wenn man bedenkt, daß ich dir meinen Karren schenken werde, finde ich es ziemlich unfreundlich von dir, mir das abzuschlagen.'

‚Oh, sag das nicht', rief der kleine Hans, ‚ich möchte um alles in der Welt nicht unfreundlich sein.' Er rannte ins Haus, um seine Mütze zu holen, und schleppte sich fort mit dem großen Sack auf seinen Schultern.

Es war ein sehr heißer Tag, die Straße war so schrecklich staubig, und noch bevor Hans den sechsten Meilenstein erreicht hatte, war er so müde, daß er sich hinsetzen und ausruhen mußte. Dann zog er jedoch wieder tapfer weiter und erreichte endlich den Markt.

Nachdem er dort eine Weile gewartet hatte, verkaufte er den Sack Mehl zu einem sehr guten Preis, dann ging er sofort wieder nach Hause, denn er fürchtete, wenn er zu spät aufbräche, Räubern über den Weg zu laufen.

‚Das war schon ein schwerer Tag heute', sagte der kleine Hans zu sich selber, als er zu Bett ging, ‚aber ich bin froh, daß ich die Bitte des Müllers nicht abgeschlagen habe, denn er ist mein bester Freund, und außerdem schenkt er mir ja seinen Karren.'

Am nächsten Morgen in aller Frühe kam der Müller, um das Geld für seinen Sack Mehl abzuholen, aber der kleine Hans war so müde, daß er noch im Bett lag.

‚Wahrhaftig', sagte der Müller, ‚du bist ein Faulpelz. Wirklich, wenn ich daran denke, daß ich dir meinen Karren schenke, meine ich, du könntest dafür ruhig ein bißchen fleißiger arbeiten. Trägheit ist eine große Sünde, und ich kann es einfach nicht leiden, wenn einer meiner Freunde träge oder faul ist. Du darfst mir nicht übelnehmen, daß ich ganz offen zu dir spreche. Natürlich würde es mir nicht im Traum einfallen, so mit dir zu sprechen, wäre ich nicht dein Freund. Aber was hat eine Freundschaft für einen Sinn, wenn man einander nicht ehrlich sagen kann, was man denkt? Liebenswürdigkeiten sagen und versuchen, angenehm zu sein und zu schmeicheln, kann jeder, aber ein wahrer Freund sagt immer

Unangenehmes und kümmert sich nicht darum, ob er dem anderen damit weh tut. Ja, wenn er ein wirklich wahrer Freund ist, tut er dem andern lieber weh, denn er weiß, daß er damit Gutes tut.‘

‚Bitte verzeih mir‘, sagte der kleine Hans, indem er sich die Augen rieb und die Schlafmütze abnahm, ‚aber ich war so müde, daß ich dachte, ich will noch ein Weilchen im Bett bleiben und die Vögel singen hören. Weißt du, daß ich immer besser arbeite, wenn ich die Vögel habe singen hören?‘

‚Gut, darüber bin ich froh‘, sagte der Müller und klopfte dem kleinen Hans auf den Rücken, ‚denn ich möchte, daß du mit mir zur Mühle kommst, sobald du dich angezogen hast, und für mich mein Scheunendach reparierst.‘

Dem armen kleinen Hans lag viel daran, in seinem Garten zu arbeiten, denn seine Blumen hatten seit zwei Tagen kein Wasser mehr bekommen, aber er wollte die Bitte des Müllers nicht abschlagen, weil der ihm ein so guter Freund war.

‚Würdest du es für unfreundlich von mir halten, wenn ich sagen würde, daß ich viel zu tun habe?‘ fragte er schüchtern und furchtsam.

‚Also wirklich‘, antwortete der Müller, ‚ich finde, es ist doch nicht zuviel von dir verlangt, wenn ich bedenke, daß ich dir meinen Karren schenke; aber natürlich, wenn du dich weigerst, gehe ich und mache es selber.‘

‚Oh, auf keinen Fall‘, rief Klein Hans; und er sprang aus dem Bett, zog sich an und ging zur Scheune.

Dort arbeitete er den ganzen Tag bis Sonnenuntergang, und bei Sonnenuntergang kam der Müller, um zu schauen, wie er vorankomme. ‚Hast du das Loch im Dach schon repariert, Klein Hans?‘ rief der Müller heiter.

‚Es ist wieder völlig in Ordnung‘, antwortete der kleine Hans und stieg die Leiter herunter.

‚Ach!‘ sagte der Müller, ‚keine Arbeit ist so wunderbar wie die Arbeit, die man für andere tut.‘

‚Es ist zweifellos eine große Ehre, dich reden zu hören‘, antwortete Klein Hans, während er sich setzte und sich die Stirn wischte, ‚eine sehr große Ehre. Aber ich fürchte, ich selbst werde niemals so schöne Gedanken haben wie du.‘

‚Ach! Die kommen dir schon noch', sagte der Müller, ‚aber du mußt dich noch mehr bemühen. Im Augenblick kennst du nur die Praxis der Freundschaft; eines Tages wirst du auch ihre Theorie kennenlernen.'

‚Glaubst du wirklich?' fragte Klein Hans.

‚Ich zweifle nicht daran', antwortete der Müller, ‚aber jetzt, nachdem du das Dach repariert hast, gehst du am besten heim und ruhst dich aus, denn ich möchte, daß du morgen meine Schafe auf den Berg treibst.'

Der arme kleine Hans getraute sich nicht mehr, darauf noch etwas zu antworten, und am nächsten Morgen in der Frühe brachte der Müller seine Schafe zu Hans' Häuschen, und Hans brach mit ihnen auf in die Berge. Er brauchte den ganzen Tag, um hin- und zurückzukommen; und als er heimkehrte, war er so müde, daß er noch in seinem Stuhl einschlief und erst wieder aufwachte, als es schon taghell war.

‚Was für eine wunderbare Zeit werde ich jetzt in meinem Garten verbringen können", sagte er und ging sofort an die Arbeit.

Aber irgendwie kam er nie dazu, sich um seine Blumen zu kümmern, denn sein Freund, der Müller, kam ständig vorbei, schickte ihn weit weg, um etwas zu erledigen, oder holte ihn, damit er bei der Mühle helfe.

Klein Hans war manchmal sehr betrübt, da er fürchtete, seine Blumen könnten denken, er habe sie vergessen, aber er tröstete sich mit dem Gedanken, daß der Müller ja sein bester Freund sei. ‚Außerdem schenkt er mir ja seinen Karren', sagte er immer, ‚und das ist eine Tat der reinen Großzügigkeit.'

So schuftete Klein Hans für den Müller, und der Müller sagte alles mögliche Schöne über Freundschaft, was Hans dann alles in sein Notizbuch schrieb und nachts noch einmal durchlas, denn er war ein sehr guter Schüler.

Eines Abends, als Hans gerade am Kamin saß, klopfte es laut an die Tür. Es war eine sehr stürmische Nacht, und der Wind heulte und tobte um das Haus, daß er zuerst dachte, es sei bloß der Sturm. Aber da klopfte es zum zweiten Mal und dann zum dritten Mal, noch lauter als vorher.

‚Es ist irgendein armer Reisender', sagte Klein Hans zu sich selber und rannte an die Tür.

Da stand der Müller mit einer Laterne in der einen Hand und einem großen Stock in der anderen.

‚Lieber kleiner Hans', rief der Müller, ‚ich bin in großer Bedrängnis. Mein kleiner Junge ist von einer Leiter herabgefallen und hat sich verletzt, und ich hole jetzt einen Arzt. Aber der wohnt so weit weg, und es ist eine so wüste Nacht, daß mir eben gerade einfiel, es wäre eigentlich viel besser, wenn du statt meiner gingst. Du weißt, ich schenke dir meinen Karren, daher ist es ja nur fair, daß du dafür auch einmal etwas für mich tust.'

‚Selbstverständlich', rief Klein Hans, ‚ich fasse es sogar als ein Kompliment auf, daß du zu mir kommst, und ich gehe sofort los. Aber du mußt mir deine Laterne leihen, da die Nacht so dunkel ist und ich Angst habe, ich könnte sonst in einen Wassergraben fallen.'

‚Es tut mir sehr leid', antwortete der Müller, ‚aber das ist meine neue Laterne, und es wäre für mich ein riesiger Verlust, wenn ihr irgend etwas zustoßen würde.'

‚Nun, schon gut, ich gehe auch ohne sie', rief Klein Hans und nahm

seinen langen Pelzmantel und seine warme scharlachrote Mütze, band einen Schal um seinen Hals und ging los.

Was für ein furchtbarer Sturm war das! Die Nacht war so schwarz, daß Klein Hans kaum mehr etwas sehen konnte, und der Wind blies so stark, daß er sich kaum aufrecht halten konnte. Aber er ging tapfer immer weiter, und nachdem er etwa drei Stunden gegangen war, kam er beim Haus des Arztes an und klopfte an die Tür.

‚Wer ist da?' rief der Arzt und streckte den Kopf aus seinem Schlafzimmerfenster.

‚Klein Hans, Herr Doktor.'

‚Was willst du, kleiner Hans?'

‚Der Sohn des Müllers ist von einer Leiter gefallen und hat sich verletzt, und der Müller will, daß Sie sofort zu ihm kommen.'

‚Gut!' sagte der Arzt; und er ließ sich sein Pferd, seine hohen Stiefel und seine Laterne bringen, kam die Treppe herunter und ritt zum Haus des Müllers, während Klein Hans sich hinter ihm her schleppte.

Aber der Sturm wurde immer schlimmer und schlimmer, und es regnete in Strömen, und Klein

Hans konnte nicht mehr sehen, wo er ging, und nicht mit dem Pferd Schritt halten. Schließlich kam er vom Weg ab und verirrte sich ins Moor, wo es sehr gefährlich war, da es viele tiefe Löcher hatte, und dort ertrank der arme kleine Hans. Am nächsten Tag fanden Ziegenhirten seine Leiche in einem Tümpel und brachten sie zu seinem Häuschen zurück.

Jeder ging zur Beerdigung des kleinen Hans, da er so beliebt war, und der Müller trauerte am meisten.

‚Da ich sein bester Freund war', sagte der Müller, ‚gehört es sich auch, daß ich den besten Platz bekomme.' So ging er an der Spitze der Prozession in einem langen schwarzen Mantel, und hin und wieder wischte er sich die Augen mit einem großen Taschentuch. ‚Sicher vermissen wir nun alle sehr den kleinen Hans', sagte der Schmied, als die Beerdigung vorbei war und alle gemütlich im Wirtshaus saßen und würzigen Wein und süße Kuchen aßen.

‚Für mich ist es auf jeden Fall ein großer Verlust', antwortete der Müller. ‚Ich hatte ihm ja meinen Karren schon so gut wie geschenkt, und jetzt weiß ich wirklich nicht mehr, was ich mit diesem anfangen soll. Er ist mir zu Hause andauernd im Weg und ist in so schlechtem Zustand, daß ich nichts dafür bekäme, wenn ich ihn verkaufen würde. Ich passe von nun an aber bestimmt besser auf, daß ich nie mehr etwas verschenke. Immer muß man darunter leiden, wenn man großzügig ist.'"

„Nun?" sagte die Wasserratte nach einer langen Pause. „Nun, das ist der Schluß", sagte der Specht. „Aber was wurde aus dem Müller?" fragte die Wasserratte.

„Ach! Ich weiß wirklich nicht", antwortete der Specht. „Und es ist mir auch völlig egal."

„Dann ist es ganz klar, daß du in deinem Wesen zu Mitgefühl gar nicht fähig bist", sagte die Wasserratte.

„Ich fürchte, du verstehst die Moral von dieser Geschichte nicht ganz", bemerkte der Specht.

„Die was?" schrie die Wasserratte.

„Die Moral."

„Willst du etwa damit sagen, die Geschichte hat eine Moral?"

„Selbstverständlich", sagte der Specht.

„Also wirklich“, sagte die Wasserratte ganz wütend, „ich finde, das hättest du mir sagen müssen, bevor du angefangen hast zu erzählen. Hättest du mir das nämlich von Anfang an gesagt, hätte ich dir bestimmt nicht zugehört. Ja, ich hätte ‚pah‘ gesagt wie der Kritiker. Aber ich kann es auch jetzt noch sagen.“ „Pah“, rief sie also aus vollem Hals, schwang ihren Schwanz herum und schlüpfte in ihr Loch zurück.

„Magst du die Wasserratte?“ fragte die Ente, die ein paar Minuten später angepaddelt kam. „Sie hat wirklich so viele gute Eigenschaften, aber ich persönlich habe die Gefühle einer Mutter und kann nie einen eingefleischten Junggesellen ansehen, ohne daß mir die Tränen in die Augen kommen.“

„Ich fürchte fast, daß ich sie verärgert habe“, antwortete der Specht. „Ich habe ihr nämlich eine Geschichte mit einer Moral erzählt.“

„Oh, das ist immer sehr riskant“, sagte die Ente.

Und ich bin ganz ihrer Meinung.

Der Glückliche Prinz

Hoch über der Stadt stand auf einer mächtigen Säule die Statue des Glücklichen Prinzen. Er war über und über mit dünnen Blättchen aus feinem Gold bedeckt, als Augen hatte er zwei glänzende Saphire, und ein großer roter Rubin leuchtete auf seinem Schwertgriff. Ja, alle staunten über ihn und bewunderten ihn sehr. „Er ist so schön wie ein Wetterhahn", bemerkte einer der Stadträte, der unbedingt für einen Mann mit Kunstgeschmack gelten wollte. „Nur nicht ganz so nützlich", fügte er hinzu, da er fürchtete, die Leute könnten ihn sonst für unpraktisch halten, was er überhaupt nicht war.

„Warum kannst du nicht wie der Glückliche Prinz sein", fragte eine kluge Mutter ihren kleinen Jungen, der weinte, weil er den Mond haben wollte. „Der Glückliche Prinz denkt nicht im Traum daran, wegen irgend etwas zu weinen."

„Ich bin froh, daß es wenigstens einen in der Welt gibt, der ganz glücklich ist", murmelte ein Enttäuschter, während er die wundervolle Statue anstaunte.

„Er sieht aus wie ein Engel", sagten die Waisenkinder, als sie in ihren leuchtend purpurroten Umhängen und ihren sauberen weißen Kitteln aus dem Dom kamen.

„Woher wißt ihr das?“ fragte der Mathematiklehrer. „Ihr habt ja noch nie einen gesehen.“

„O doch! In unseren Träumen“, antworteten die Kinder; und der Mathematiklehrer runzelte die Stirn und machte ein sehr strenges Gesicht, denn er billigte es nicht, wenn Kinder träumten.

Eines Nachts flog ein kleiner Schwalbenmann über die Stadt. Seine Freunde waren schon vor sechs Wochen nach Ägypten geflogen, aber er war zurückgeblieben, weil er sich in ein allerschönstes Fräulein Schilfrohr verliebt hatte. Er war ihr am Frühlingsanfang begegnet, als er am Fluß entlang gerade einem großen gelben Nachtfalter nachflog, und er hatte sich von der schmalen Taille des Schilfrohrs so angezogen gefühlt, daß er angehalten hatte, um mit ihr zu sprechen.

„Soll ich dich lieben?“ sagte der Schwalbenmann, der gern immer gleich zur Sache kam, und Fräulein Schilfrohr verneigte sich tief. So flog er um sie herum, berührte mit den Flügeln das Wasser und schlug kleine silberne Wellen. Auf diese Weise umwarb er sie, und so blieb es den ganzen Sommer lang. „Das ist eine lächerliche Neigung“, zwitscherten die anderen Schwalben, „sie hat kein Geld und viel zu viele Verwandte“, und wirklich, der Fluß war voller Schilfrohre. Als dann der Herbst kam, flogen alle davon.

Nachdem sie fortgeflogen waren, fühlte sich der Schwalbenmann einsam und wurde seiner Geliebten allmählich müde. „Sie kann überhaupt keine Gespräche führen“, sagte er, „und ich fürchte, sie ist eine Kokette, denn sie flirtet immerzu mit dem Wind.“

Und tatsächlich, wann immer der Wind wehte, machte das Schilfrohr die anmutigsten Verbeugungen.

„Zugegeben, sie ist häuslich“, fuhr er fort, „aber ich liebe das Reisen, und folglich sollte meine Frau das Reisen ebenfalls lieben.“

„Willst du mit mir kommen?“ fragte er sie schließlich; aber das Fräulein Schilfrohr schüttelte den Kopf, so sehr hing sie an ihrem Zuhause. „Du hast nur mit mir gespielt“, rief er, „ich breche auf zu den Pyramiden. Auf Wiedersehen!“ Und er flog fort.

Den ganzen Tag flog er, und in der Nacht erreichte er die Stadt. „Wo soll ich absteigen“, fragte er, „ich hoffe, die Stadt ist darauf vorbereitet.“

Dann sah er die Statue auf der hohen Säule. „Dort will ich absteigen“, rief er. „Es ist eine schöne Stelle mit viel frischer Luft.“ So setzte er sich genau zwischen die Füße des Glücklichen Prinzen.

„Ich habe ein goldenes Schlafzimmer“, sagte er leise zu sich selbst, als er umherschaute, und bereitete sich zum Schlafen vor; aber gerade als er seinen Kopf unter seine Flügel stecken wollte, fiel ein großer Wassertropfen auf ihn herab. „Wie merkwürdig!“ rief er. „Es ist keine einzige Wolke am Himmel, die Sterne sind ganz klar und leuchten, und dennoch regnet es. Das Klima in Nordeuropa ist wirklich furchtbar. Fräulein Schilfrohr mochte den Regen immer, aber sie dachte eben nur an sich selbst.“

Dann fiel wieder ein Tropfen.

„Wofür ist eine Statue gut, wenn sie nicht einmal den Regen abhalten kann“, sagte er. „Ich muß mich nach einem guten Kamin umsehen.“ Er beschloß, wieder wegzufliegen.

Aber bevor er seine Flügel ausgebreitet hatte, fiel ein dritter Tropfen, er schaute hinauf in die

Höhe und sah – oh! Was sah er?

Die Augen des Glücklichen Prinzen waren voller Tränen, und Tränen rannen ihm über die goldenen Wangen. Sein Gesicht war so schön im Mondlicht, daß der kleine Schwalbenmann von Mitleid erfaßt wurde.

„Wer bist du?“ fragte er.

„Ich bin der Glückliche Prinz.“

„Warum weinst du dann?“ fragte die Schwalbe. „Du hast mich ganz naß gemacht.“

„Als ich lebte und ein menschliches Herz hatte“, antwortete die Statue, „wußte ich nicht, was Tränen sind, denn ich lebte in dem Palast Sans-Souci, wo es der Sorge nicht erlaubt ist, einzutreten. Tagsüber spielte ich mit meinen Gefährten im Garten, am Abend führte ich im großen Saal den Tanz an. Rund um den Garten lief eine sehr hohe Mauer, aber nie fiel mir ein, zu fragen, was hinter der Mauer liege, alles um mich herum war so schön. Meine Höflinge nannten mich den glücklichen Prinzen, und glücklich war ich wirklich, wenn Vergnügen Glück ist. So lebte ich, und so starb ich. Nun, da ich tot bin, haben sie mich hier aufgestellt, so hoch, daß ich alles Häßliche und alles Elend meiner Stadt sehen kann, und obwohl mein Herz aus Blei ist, kann ich nichts als weinen.“

„Was, ist er nicht ganz aus Gold?“ sagte der Schwalbenmann zu sich selbst. Er war zu höflich, als daß er so persönliche Bemerkungen je laut ausgesprochen hätte.

„Weit entfernt von hier“, fuhr die Statue mit leiser melodischer Stimme fort, „weit entfernt von hier in einer kleinen Straße steht ein ärmliches Haus. Eines der Fenster ist offen, und ich kann eine Frau an einem Tisch sitzen sehen. Ihr Gesicht ist schmal und todmüde, und sie hat rauhe, rote Hände, von Nadeln zerstochen, denn sie ist Näherin. Sie stickt gerade Passionsblumen auf ein Satinkleid, das die lieblichste Hofdame der Königin beim nächsten Hofball tragen soll. In einem Winkel des Zimmers liegt ihr kleiner Junge krank im Bett. Er hat Fieber und bittet um Orangen. Seine Mutter kann ihm nichts geben außer Wasser aus dem Fluß, und deshalb weint er. Schwalbe, Schwalbe, kleine Schwalbe, willst du ihr nicht den Rubin von meinem Schwertgriff bringen? Meine Füße sind an diesem Sockel befestigt, ich kann mich nicht bewegen.“

„Man erwartet mich in Ägypten", sagte der Vogel. „Meine Freunde fliegen schon den Nil hinab und hinauf und sprechen zu den großen Lotusblumen. Bald werden sie sich im Grab des großen Königs schlafen legen. Dort liegt der König persönlich in seinem bemalten Sarg. Er ist in gelbes Leinen eingewickelt und mit Spezereien einbalsamiert. Um seinen Hals trägt er eine Kette aus blaßgrüner Jade, und seine Hände sind wie vertrocknete Blätter."

„Schwalbe, Schwalbe, kleine Schwalbe", sagte der Prinz, „willst du nicht noch eine Nacht bei mir bleiben und mein Bote sein? Der Junge ist so durstig, die Mutter so traurig."

„Ich glaube nicht, daß ich Jungen mag", antwortete der Vogel. „Als ich letzten Sommer noch am Fluß wohnte, waren dort zwei freche Jungen, die Söhne des Müllers, die immer mit Steinen nach mir warfen. Natürlich trafen sie mich nie; dazu fliegen wir Schwalben viel zu gut, und zudem stamme ich auch noch aus einer Familie, die für ihre Schnelligkeit berühmt ist; aber es war doch ein Zeichen der Respektlosigkeit."

Der Glückliche Prinz schaute jedoch so traurig, daß es den kleinen Schwalbenmann betrübte. „Es ist sehr kalt hier", sagte er, „aber ich will noch eine Nacht bei dir bleiben und dein Bote sein."

„Vielen Dank, kleine Schwalbe", sagte der Prinz.

So pickte der Vogel den großen Rubin aus dem Schwert des Prinzen heraus und flog mit ihm davon über die Dächer der Stadt.

Er flog am Turm des Doms vorüber, wo die weißen Marmorengel standen. Er flog am Palast vorüber und hörte die Klänge, zu denen getanzt wurde. Ein schönes Mädchen kam mit ihrem Liebsten auf den Balkon heraus. „Wie wundervoll die Sterne sind", sagte er zu ihr, „und wie wundervoll ist die Macht der Liebe!"

„Hoffentlich wird mein Kleid zum Staatsball noch fertig", antwortete sie, „ich lasse mir Passionsblumen darauf sticken, aber die Schneiderinnen sind so faul."

Er flog über den Fluß und sah die Laternen an den Schiffsmasten hängen. Er flog über das Ghetto und sah die alten Juden miteinander handeln und auf Kupferwaagen Geld abwiegen. Endlich erreichte er das ärmliche Haus und schaute hinein. Der Junge warf sich im Fieber auf seinem Bett hin und her, die Mutter war eingeschlafen, so müde war sie. Hinein ins Zimmer hüpfte der Vogel und legte den großen Rubin auf den Tisch neben den Fingerhut der Frau. Dann flog er leise um das Bett herum und fächelte die Stirn des Jungen mit seinen Flügeln. „Wie kühl mir wird", sagte der Junge, „ich glaube, es geht mir wieder besser." Und er sank in einen köstlichen Schlummer.

Dann flog der Vogel zum Glücklichen Prinzen zurück und erzählte ihm, was er getan hatte. „Sonderbar", sagte er, „aber mir ist ganz warm geworden, obwohl es so kalt ist."

„Das kommt von deiner guten Tat", sagte der Prinz.

Der kleine Schwalbenmann fing an, darüber nachzudenken, und schlief ein. Nachdenken machte ihn immer schläfrig.

Als der Tag anbrach, flog er zum Fluß hinunter und nahm ein Bad.

„Was für ein bemerkenswertes Phänomen", sagte der Professor für Ornithologie, während er über die Brücke ging. „Eine Schwalbe im Winter!" Er schrieb darüber einen langen Brief an die Lokalzeitung. Jeder sprach von diesem Brief, er war voller Worte, die niemand verstehen konnte.

„Heute nacht fliege ich nach Ägypten", sagte der Vogel, und diese Vorstellung stimmte ihn fröhlich. Er besuchte alle öffentlichen Bauwerke und saß lange ganz oben am Kirchturm. Wo immer er hinkam, zwitscherten die Spatzen und sagten zueinander: „Was für ein vornehmer Fremdling!" Und so amüsierte er sich sehr.

Als der Mond aufging, flog er zum Glücklichen Prinzen zurück. „Hast du irgendwelche Aufträge für Ägypten?" rief er. „Ich breche jetzt auf."

„Schwalbe, Schwalbe, kleine Schwalbe", sagte der Prinz, „willst du nicht noch eine Nacht bei mir bleiben?"

„Ich werde in Ägypten erwartet", antwortete der Vogel. „Morgen fliegen meine Freunde zum zweiten Katarakt hinauf. Das Flußpferd liegt dort zwischen den Binsen, und auf einem großen Granitthron sitzt der Gott Memnon. Die ganze Nacht lang schaut er zu den Sternen, und wenn der Morgenstern zu leuchten beginnt, stößt er einen Freudenschrei aus, dann ist er still. Mittags kommen die gelben Löwen zum Trinken ans Ufer. Sie haben Augen wie grüne Smaragde, und ihr Brüllen ist lauter als das Brüllen des Katarakts."

„Schwalbe, Schwalbe, kleine Schwalbe“, sagte der Prinz, „weit entfernt, am anderen Ende der Stadt, sehe ich einen jungen Mann in einer Dachstube. Er beugt sich über einen mit Papieren bedeckten Tisch, und in einem Wasserglas neben ihm steht ein Strauß verwelkter Veilchen. Sein Haar ist braun und wellt sich, seine Lippen sind rot wie eine Granatblüte, und er hat große und träumerische Augen. Er versucht, für den Direktor des Theaters ein Stück zu Ende zu schreiben, aber er friert so sehr, daß er nicht mehr weiterschreiben kann. Er hat kein Feuer im Kamin, und Hunger hat ihn schwach gemacht.“

„Ich will noch eine Nacht bei dir bleiben“, sagte der Vogel, der wirklich ein gutes Herz hatte. „Soll ich ihm auch einen Rubin bringen?“

„Ach! Ich habe jetzt keinen Rubin mehr“, sagte der Prinz. „Nur noch meine Augen sind mir geblieben. Sie sind aus seltenen Saphiren gemacht, die vor tausend Jahren aus Indien hierher gebracht wurden. Reiß eines von ihnen aus und bring es ihm. Er wird es dem Juwelier verkaufen und sich dann Essen und Brennholz kaufen und sein Stück fertigschreiben.“

„Lieber Prinz“, sagte der Vogel, „das kann ich nicht.“ Und er fing an zu weinen. „Schwalbe, Schwalbe, kleine Schwalbe“, sagte der Prinz, „tu, was ich von dir verlange.“

So riß der Schwalbenmann dem Prinzen ein Auge aus und flog damit fort zur Dachstube des Studenten. Es war ganz leicht, dort hineinzukommen, da ein Loch im Dach war, durch das er hindurchflog und ins Zimmer gelangte. Der junge Mann hatte sein Gesicht in den Händen vergraben, deshalb hörte er das Flattern der Vogelflügel gar nicht, und als er wieder aufschaute, fand er den schönen Saphir auf den verwelkten Veilchen liegen.

„Allmählich werde ich anerkannt“, rief er. „Dies ist von irgendeinem großen Bewunderer. Jetzt kann ich mein Stück fertigschreiben.“ Er sah ganz glücklich aus.

Am nächsten Tag flog der Vogel zum Hafen hinunter. Er saß auf dem Mast eines großen Schiffs und sah zu, wie die Matrosen mit Seilen große Kisten aus dem Schiffsraum heraufbeförderten. „Heb hoch ahoi!“ schrieen sie, während die Kisten heraufgezogen wurden. „Ich reise nach Ägypten!“ rief der Vogel, aber niemand kümmerte sich um ihn, und als der Mond aufging, flog er zum Glücklichen Prinzen zurück.

„Ich bin gekommen, um mich von dir zu verabschieden", rief er.

„Schwalbe, Schwalbe, kleine Schwalbe", sagte der Prinz, „willst du nicht noch eine Nacht bei mir bleiben?"

„Es ist Winter", antwortete der Schwalbenmann, „und der eisige Schnee wird bald hier sein. In Ägypten scheint die Sonne warm auf die grünen Palmen, und die Krokodile liegen im Schlamm und schauen träge umher. Meine Gefährten bauen ein Nest im Tempel von Baalbec, die rosa und weißen Tauben sehen ihnen dabei zu und gurren einander an. Lieber Prinz, ich muß dich verlassen, aber nie will ich dich vergessen, und nächstes Frühjahr bringe ich dir wieder zwei schöne Juwelen, um die zu ersetzen, die du verschenkt hast. Der Rubin soll röter sein als eine rote Rose, und die Saphire sollen so blau sein wie das weite Meer."

„Auf dem Platz da unten", sagte der Glückliche Prinz, „steht ein kleines Streichholzmädchen. Sie hat ihre Streichhölzer in den Rinnstein fallen lassen, und jetzt sind sie alle verdorben. Ihr Vater

wird sie schlagen, wenn sie kein Geld heimbringt, und sie weint. Sie hat weder Schuhe noch Strümpfe, und ihr kleiner Kopf ist unbedeckt. Reiß mir mein anderes Auge aus und gib es ihr, dann wird sie ihr Vater nicht schlagen.“

„Ich will noch eine Nacht bei dir bleiben“, sagte der Schwalbenmann, „aber ich kann dir nicht dein Auge ausreißen. Du wärst dann ganz blind.“

„Schwalbe, Schwalbe, kleine Schwalbe“, sagte der Prinz, „tu, was ich von dir verlange.“

So riß der Vogel dem Prinzen das andere Auge aus und flog mit ihm hinab. Er sauste an dem Streichholzmädchen vorbei und ließ ihm den Juwel in die Handfläche gleiten. „Was für eine hübsche Glasscherbe“, rief das kleine Mädchen und lief lachend nach Hause.

Dann kam der Vogel zum Prinzen zurück. „Du bist jetzt blind“, sagte er, „darum will ich für immer bei dir bleiben.“

„Nein, kleine Schwalbe“, sagte der arme Prinz, „du mußt fort nach Ägypten.“

„Ich will immer bei dir bleiben“, sagte der Vogel, und er schlief zu Füßen des Prinzen ein.

Den ganzen nächsten Tag saß er auf der Schulter des Prinzen und erzählte ihm Geschichten von dem, was er in fremden Ländern gesehen hatte. Er erzählte ihm von den roten Ibissen, die in langen Reihen an den Ufern des Nils stehen und mit ihren Schnäbeln Goldfische fangen; von der Sphinx, die so alt ist wie die Welt selbst und in der Wüste lebt und alles weiß; von den Kaufleuten, die langsam neben ihren Kamelen hergehen und Rosenkränze aus Bernstein in den Händen tragen; vom König der Mondberge, der so schwarz wie Ebenholz ist und einen großen Kristall anbetet; von der riesigen grünen Schlange, die in einer Palme schläft und zwanzig Priester hat, die sie mit Honigkuchen füttern; und von den Pygmäen, die auf breiten flachen Blättern über einen großen See segeln und immer Krieg führen gegen die Schmetterlinge.

„Liebe kleine Schwalbe“, sagte der Prinz, „du erzählst mir wundervolle Dinge, aber wundervoller als alles ist das Leiden der Männer und Frauen. Kein Geheimnis, das so groß ist wie das Unglück. Flieg über meine Stadt, kleine Schwalbe, und erzähle mir, was du dort siehst.“

Also flog der Vogel über die große Stadt und sah die Reichen in ihren schönen Häusern feiern, während die Bettler vor den Haustüren saßen. Er flog in dunkle Gassen hinein und sah die weißen Gesichter verhungernder Kinder, die teilnahmslos in die schwarzen Straßen hinaussahen. Unter einem Brückenbogen lagen zwei kleine Jungen einander in den Armen, um sich gegenseitig zu wärmen.

„Wir haben so Hunger", sagten sie. „Ihr dürft hier nicht liegen", schrie der Nachtwächter, und sie wanderten in den Regen hinaus.

Darauf flog der Vogel zum Prinzen zurück und erzählte ihm, was er gesehen hatte.

„Ich bin mit feinem Gold bedeckt", sagte der Prinz, „du mußt es abnehmen, Blatt für Blatt, und meinen Armen geben; die Lebenden glauben immer, daß Gold sie glücklich machen kann."

Blatt für Blatt des feinen Goldes pickte der Vogel ab, bis der Prinz ganz glanzlos und grau aussah. Blatt für Blatt des feinen Goldes brachte der Vogel den Armen, und die Gesichter der

Kinder wurden rosiger, und sie lachten und spielten ihre Spiele auf der Straße.

„Jetzt haben wir Brot!“ riefen sie.

Dann kam der Schnee, und nach dem Schnee kam der Frost. Die Straßen sahen aus, als seien sie aus Silber, so glänzend und glitzernd waren sie; lange Eiszapfen wie kristallene Dolche hingen von den Dachrinnen der Häuser herab, jeder ging in Pelz gekleidet herum, und die kleinen Jungen trugen rote Mützen und liefen eis. Dem armen kleinen Schwalbenmann wurde immer kälter, aber er wollte den Prinzen nicht mehr verlassen, denn er liebte ihn zu sehr. Er pickte Krümel vor der Tür des Bäckers auf, wenn der Bäcker gerade nicht hinsah, und versuchte, sich warm zu halten, indem er mit den Flügeln schlug.

Aber schließlich wußte er, daß er sterben müsse. Er hatte gerade noch die Kraft, dem Prinzen noch einmal auf die Schulter zu fliegen. „Auf Wiedersehen, lieber Prinz!“ murmelte er. „Willst du mich deine Hand küssen lassen?“

„Ich bin froh, daß du endlich nach Ägypten fliegst, kleine Schwalbe“, sagte der Prinz, „du bist schon zu lange hiergeblieben; aber du mußt mich auf die Lippen küssen, denn ich liebe dich.“

„Nicht nach Ägypten gehe ich“, sagte der Vogel, „ich gehe in das Haus des Todes. Der Tod ist der Bruder des Schlafs, nicht wahr?“ Und er küßte den Glücklichen Prinzen auf die Lippen und fiel tot hinab vor seine Füße.

In diesem Augenblick erklang im Inneren der Statue ein merkwürdiges Knacken, als ob etwas zerbrochen wäre. Tatsächlich war das bleierne Herz mitten entzweigesprungen. Es war wirklich ein eisig harter Frost.

Früh am Morgen des nächsten Tages ging der Bürgermeister in Begleitung der Stadträte über den Platz unter der Statue. Als sie an der Säule vorüberkamen, schaute er zur Statue hinauf: „Du meine Güte! Wie schäbig der Glückliche Prinz aussieht!“ sagte er.

„Ja, schäbig, wirklich!“ riefen die Stadträte, die immer der Meinung des Bürgermeisters waren, und sie stiegen zur Statue hinauf, um sie anzuschauen.

„Der Rubin ist ihm aus dem Schwert gefallen, seine Augen sind weg, und er ist nicht mehr golden“, sagte der Bürgermeister, „er sieht tatsächlich nicht viel besser aus als ein Bettler!“

„Nicht viel besser als ein Bettler“, sagten die Stadträte.

„Und hier liegt auch noch ein toter Vogel zu seinen Füßen!“ fuhr der Bürgermeister fort. „Wir müssen wirklich eine Bekanntmachung erlassen, daß es Vögeln nicht erlaubt ist, hier zu sterben.“ Und der Stadtschreiber notierte sich diesen Vorschlag.

Also rissen sie die Statue des Glücklichen Prinzen ab. „Da er nicht mehr schön ist, ist er auch nicht mehr nützlich“, sagte der Kunstprofessor der Universität.

Dann schmolzen sie die Statue in einem Brennofen, und der Bürgermeister hielt eine Stadtversammlung ab, in der entschieden werden sollte, was mit dem Metall anzufangen sei. „Wir müssen natürlich eine andere Statue haben“, sagte er, „und es soll eine Statue von mir sein.“

„Von mir“, sagte jeder der Stadträte, und sie stritten sich. Als ich das letzte Mal von ihnen hörte, stritten sie sich noch immer.

„Wie sonderbar!“ sagte der Vorarbeiter der Schmelzhütte.

„Dieses zerbrochene bleierne Herz will einfach nicht im Ofen schmelzen. Wir müssen es wegwerfen.“ So warfen sie es auf einen Müllhaufen, wo auch der tote Vogel lag.

„Bring mir die zwei kostbarsten Dinge in der Stadt“, sagte Gott zu einem seiner Engel; und der Engel brachte ihm das bleierne Herz und den toten Vogel.

„Du hast richtig gewählt“, sagte Gott, „denn dieser kleine Vogel soll in meinem Paradiesgarten für immer singen, und in meiner goldenen Stadt soll der Glückliche Prinz mich lobpreisen.“

Die bedeutende Rakete

Der Königssohn stand kurz vor seiner Hochzeit, und darüber herrschte allgemeine Freude. Ein ganzes Jahr lang hatte er auf seine Braut gewartet, und endlich war sie angekommen. Sie war eine russische Prinzessin, und in einem Schlitten, gezogen von sechs Rentieren, war sie von Finnland hergefahren. Der Schlitten war geformt wie ein großer goldener Schwan, und zwischen den Flügeln des Schwans lag die kleine Prinzessin. Ihr langer Hermelinmantel reichte ihr bis zu den Füßen, auf dem Kopf trug sie eine winzige Kappe aus silbernem Gewebe, und sie war blaß wie der Schneepalast, in dem sie immer gewohnt hatte. So blaß war sie, daß sich alle Leute darüber wunderten, als sie durch die Straßen fuhr. „Sie ist wie eine weiße Rose!“ riefen sie und warfen von den Balkonen Blumen auf sie hinab. Am Schloßtor wartete der Prinz, um sie zu empfangen. Er hatte träumerische Veilchenaugen, und sein Haar war wie feines Gold. Als er sie sah, sank er aufs Knie und küßte ihre Hand.

„Dein Bild war schön“, sagte er leise, „aber du bist schöner als dein Bild.“ Die kleine Prinzessin errötete.

„Sie war wie eine weiße Rose“, sagte ein junger Page zu einem anderen, „aber nun ist sie wie eine rote Rose.“ Und der ganze Hof war begeistert.

Die nächsten drei Tage ging jeder mit den Worten umher: „Weiße

Rose, rote Rose, rote Rose, weiße Rose." Und der König befahl, das Gehalt des Pagen zu verdoppeln. Da der überhaupt kein Gehalt bekam, nützte ihm das nicht viel, aber man hielt es für eine große Ehre und gab es vorschriftsmäßig in der Hofzeitung bekannt.

Als die drei Tage um waren, wurde die Hochzeit gefeiert. Es war eine prächtige Zeremonie, und die Braut und der Bräutigam gingen Hand in Hand unter einem mit kleinen Perlen bestickten Baldachin aus purpurnem Samt. Dann gab es ein Staatsbankett, das fünf Stunden lang dauerte. Der Prinz und die Prinzessin saßen am oberen Ende des großen Saals und tranken aus einem klaren kristallenen Kelch. Nur wirklich Liebende konnten aus diesem kristallenen Kelch trinken, denn wenn falsche Lippen ihn berührten, wurde er grau und trübe und wolkig.

„Es ist ganz klar, daß sie einander lieben", sagte der kleine Page, „klar wie Kristall!" Und der König verdoppelte sein Gehalt zum zweiten Mal. „Welche Ehre!" riefen alle Höflinge.

Nach dem Staatsbankett sollte ein Ball stattfinden. Die Braut und der Bräutigam sollten miteinander den Rosentanz tanzen, und der König hatte versprochen, Flöte zu spielen. Er spielte sehr schlecht, aber niemand hatte je gewagt, ihm das zu sagen, weil er der König war. Ja, er konnte nur zwei Melodien und war sich nie ganz sicher, welche von beiden er gerade spielte; aber das machte nichts aus, denn was immer er tat, jeder rief nur: „Bezaubernd! Bezaubernd!"

Der letzte Punkt auf dem Programm war ein großes Feuerwerk, das genau um Mitternacht losgehen sollte. Die kleine Prinzessin hatte noch nie in ihrem Leben ein Feuerwerk gesehen, daher hatte der König befohlen, daß der Königliche Pyrotechniker am Tag ihrer Hochzeit anwesend sein sollte.

„Was ist das, ein Feuerwerk?" hatte sie den Prinzen eines Morgens gefragt, als sie auf der Terrasse spazierenging.

„Es ist wie die Aurora Borealis", sagte der König, der immer Fragen beantwortete, die an andere Leute gerichtet waren, „nur viel natürlicher. Ich mag es lieber als die Sterne, da man immer genau weiß, wann es anfängt, und es ist so wunderbar wie mein eigenes Flötenspiel. Du mußt es unbedingt sehen."

Also war am äußersten Rand des königlichen Gartens ein großer Stand aufgebaut worden, und sobald der Königliche Pyrotechniker alles an den richtigen Platz gestellt hatte, fingen die Feuerwerkskörper an miteinander zu reden.

„Die Welt ist wirklich sehr schön", rief ein kleiner Schwärmer. „Schaut nur diese gelben Tulpen an. Ja, selbst wenn es echte Knallfrösche wären, könnten sie nicht schöner sein. Ich bin sehr froh, daß ich gereist bin. Reisen bildet wunderbar den Geist und läßt alle Vorurteile verschwinden."

„Der Garten des Königs ist nicht die Welt, du dummer Schwärmer", sagte eine große römische Kerze. „Die Welt ist ein riesiges Gebiet, und du brauchtest drei Tage, um sie ganz zu sehen."

„Jeder Ort, den du liebst, ist für dich die Welt", rief ein nachdenkliches Feuerrad, das seit seiner Jugend an einer alten Holzschachtel hing und sich mit seinem gebrochenen Herzen brüstete. „Aber die Liebe ist nicht mehr modern, die Dichter haben sie getötet. Sie schrieben so viel über sie, daß

ihnen niemand mehr glaubte, und das wundert mich gar nicht. Wirkliche Liebe leidet still. Ich erinnere mich daran, wie – aber das interessiert jetzt niemanden mehr. Die Romantik gehört der Vergangenheit an."

„Unsinn!" sagte die römische Kerze. „Die Romantik stirbt nie. Sie ist wie der Mond und lebt ewig. Die Braut und der Bräutigam zum Beispiel lieben einander sehr. Ich habe alles über sie heute morgen von einer braunen Kartätsche gehört, die zufällig in derselben Schublade lag wie ich und die neuesten Hofnachrichten wußte."

Aber das Feuerrad schüttelte den Kopf. „Die Romantik ist tot, die Romantik ist tot, die Romantik ist tot", murmelte es. Es gehörte nämlich zu denen, die glauben, wenn sie das gleiche immer wieder und wieder sagen, werde es am Ende noch wahr.

Plötzlich war ein hartes, trockenes Husten zu hören, und alle schauten sich um. Es kam von einer großen, hochmütig aussehenden Rakete, die am Ende eines langen Steckens befestigt war. Sie hustete jedesmal, bevor sie irgendeine Bemerkung machte, um die Aufmerksamkeit auf sich zu lenken. „Ehem! Ehem!" sagte sie, und jeder hörte ihr dabei zu, außer dem armen Feuerrad, das immer noch den Kopf schüttelte und murmelte: „Die Romantik ist tot."

„Zur Tagesordnung! Zur Tagesordnung!" rief ein Knallfrosch. Er war so etwas wie ein Politiker und hatte immer eine führende Rolle in den Kommunalwahlen gespielt, daher kannte er die richtigen parlamentarischen Ausdrücke.

„Ganz tot", flüsterte das Feuerrad und schlief ein.

Sobald vollkommene Stille eingetreten war, hustete die Rakete zum dritten Mal und begann. Sie sprach sehr langsam und deutlich, als ob sie ihre Memoiren diktieren würde, und schaute immer über die Schulter desjenigen, zu dem sie gerade redete. Ja, sie hatte überaus vornehme Manieren.

„Was für ein Glück für den Königssohn", bemerkte sie, „daß er genau an dem Tag heiraten wird, an dem ich losgelassen werden soll. Ja wirklich, auch wenn es vorher so arrangiert worden wäre, hätte es nicht günstiger für ihn ausfallen können; aber Prinzen haben immer Glück."

„Du meine Güte!" sagte der kleine Schwärmer, „ich dachte, es wäre gerade umgekehrt, und wir würden zu Ehren des Prinzen losgelassen."

„Vielleicht ist das bei dir so", antwortete sie, „daran zweifle ich ja gar nicht, aber bei mir ist das anders. Ich bin eine sehr bedeutende Rakete und stamme von bedeutenden Eltern ab. Meine Mutter war das gefeiertste Feuerrad ihrer Zeit und berühmt für ihr anmutiges Tanzen. Als sie ihren großen öffentlichen Auftritt hatte, drehte sie sich neunzehnmal, bevor sie ausging, und bei jeder Umdrehung warf sie sieben rosa Sterne in die Luft. Sie war dreieinhalb Fuß im Durchmesser und war aus allerbestem Schießpulver. Mein Vater war eine Rakete wie ich und von französischer Abstammung. Er flog so hoch hinauf, daß die Leute fürchteten, er komme nie mehr herunter. Aber er kam zurück, denn er war eine liebenswürdige Natur, und er machte einen ganz glänzenden Abgang in einem Schauer von goldenem Regen. Die Zeitungen schrieben über seine Vorstellung in sehr schmeichelhaften Ausdrücken. Ja, die Hofzeitung nannte ihn einen Triumph in der Kunst der Pylotechnik."

„Pyrotechnik, Pyrotechnik, meinst du", sagte ein bengalisches Licht. „Ich weiß, es heißt Pyrotechnik, denn ich sah es auf meiner eigenen Blechbüchse geschrieben."

„Nun, ich sage Pylotechnik", antwortete die Rakete in strengem Tonfall, und das bengalische Licht fühlte sich dadurch so niedergeschmettert, daß es sofort die kleinen Schwärmer einzuschüchtern begann, um zu zeigen, daß es immer noch eine Person von einiger Bedeutung sei.

„Ich sagte", fuhr die Rakete fort, „ich sagte – was sagte ich?"

„Du hast über dich selbst geredet", antwortete die römische Kerze.

„Natürlich; ich wußte doch, daß ich über einen interessanten Gegenstand gesprochen habe, als ich so grob unterbrochen wurde. Ich hasse Grobheit und schlechte Manieren jeder Art, denn ich bin übersensibel. Ich bin überzeugt, niemand auf der ganzen Welt ist so sensibel wie ich."

„Was ist eine sensible Person?" fragte der Knallfrosch die römische Kerze.

„Eine Person, die ständig anderen auf die Zehen tritt, weil sie selber Hühneraugen hat", antwortete die römische Kerze flüsternd; und der Knallfrosch platzte beinahe vor Lachen.

„Bitte, worüber lachst du denn?" erkundigte sich die Rakete. „Ich lache doch auch nicht."

„Ich lache, weil ich glücklich bin", antwortete der Knallfrosch.

„Das ist ein sehr egoistischer Grund", sagte die Rakete wütend. „Was hast du für ein Recht, glücklich zu sein? Du solltest an andere denken. Ja, du solltest an mich denken. Ich denke immer an mich selbst, und ich erwarte von jedem anderen, daß er das gleiche tut. Das nennt man Sympathie. Es ist eine schöne Tugend, und ich besitze sie in hohem Grade. Nehmen wir zum Beispiel an, mir würde heute nacht irgend etwas zustoßen, was für ein Unglück wäre das für jeden anderen! Der Prinz und die Prinzessin würden nie mehr glücklich sein können, ihr ganzes Eheleben wäre zerstört; und der König selber würde nie darüber hinwegkommen, das weiß ich. Wirklich, wenn ich anfange, über die Bedeutung meiner Stellung nachzudenken, bin ich beinahe zu Tränen gerührt."

„Wenn du anderen eine Freude bereiten willst", rief die römische Kerze, „wäre es besser, du hieltest dich trocken."

„Ganz bestimmt", rief das bengalische Licht, das jetzt in bessere Stimmung kam, „das sagt schon der gewöhnliche Verstand."

„Der gewöhnliche Verstand, ja!" empörte sich die Rakete. „Aber du vergißt, daß ich sehr ungewöhnlich und sehr bedeutend bin. Nun ja, einen gewöhnlichen Verstand kann jeder haben, vorausgesetzt, daß er keine Phantasie hat. Aber ich habe Phantasie, denn ich stelle mir die Dinge nie vor, wie sie wirklich sind, sondern ich stelle sie mir ganz anders vor. Was das Trockenhalten angeht, kann ich nur sagen, es gibt hier offenbar niemanden, der eine empfindsame Natur überhaupt zu schätzen weiß. Zum Glück ist mir das egal. Das einzige, was einem hilft, durchs Leben zu kommen, ist das Bewußtsein von der unendlichen Unterlegenheit jedes anderen, und das ist ein Gefühl, das ich immer gepflegt habe. Aber von euch hat doch keiner ein Herz. Ihr lacht hier und seid lustig, als ob der Prinz und die Prinzessin nicht gerade heirateten."

„Also wirklich", rief ein kleiner Feuerball, „warum denn nicht? Das ist doch ein höchst freudiges Ereignis, und wenn ich in die Luft hinaufschwebe, möchte ich den Sternen alles darüber erzählen. Du wirst sie zwinkern sehen, wenn ich zu ihnen von der hübschen Braut spreche."

„Ach! Was für eine triviale Lebensauffassung!" sagte die Rakete. „Aber das habe ich bloß erwartet. Es steckt überhaupt nichts in dir; du bist hohl und leer. Nun, vielleicht leben der Prinz und die Prinzessin einmal in einem Land, in dem ein tiefer Fluß ist, und vielleicht haben sie einen einzigen Sohn, einen kleinen blonden Jungen mit Veilchenaugen wie der Prinz selbst; und vielleicht geht er eines Tages mit der Amme spazieren; vielleicht legt sich die Amme unter einem großen Holunderstrauch schlafen; und vielleicht fällt der kleine Junge dann in den tiefen Fluß und ertrinkt. Was für ein schreckliches Unglück! Arme Leute, den einzigen Sohn zu verlieren! Es ist wirklich zu furchtbar! Nie werde ich es verwinden!"

„Aber sie haben doch nicht ihren einzigen Sohn verloren", sagte die römische Kerze. „Es ist ihnen überhaupt kein Unglück passiert."

„Das habe ich nie behauptet", antwortete die Rakete. „Ich sagte nur, es könnte ihnen einmal passieren. Wenn sie ihren einzigen Sohn verloren hätten, hätte es gar keinen Sinn mehr, noch darüber zu sprechen. Ich hasse

Leute, die weinen, wenn die Milch verschüttet ist. Aber wenn ich daran denke, daß sie ihren einzigen Sohn verlieren könnten, schaudert es mich natürlich sehr."

„Dich natürlich!" rief das bengalische Licht. „Wirklich, noch nie habe ich jemanden so Schauderhaften getroffen wie dich."

„Und ich habe noch nie jemanden getroffen, der so roh ist wie du", sagte die Rakete, „und daher kannst du meine Freundschaft für den Prinzen natürlich nicht verstehen."

„Aber du kennst ihn ja nicht einmal", brummte die römische Kerze.

„Ich habe nie gesagt, daß ich ihn kenne", antwortete die Rakete. „Ich wage sogar zu behaupten, daß ich gar nicht sein Freund wäre, wenn ich ihn kennen würde. Es ist sehr gefährlich, seine Freunde zu kennen."

„Halte dich lieber trocken", sagte der Feuerball.

„Das ist das Wichtigste."

„Sehr wichtig für dich, zweifellos", antwortete die Rakete, „aber ich weine, wann ich will." Und jetzt brach sie tatsächlich in echte Tränen aus, die an ihrem Stecken herabrannen wie Regentropfen und beinahe zwei kleine Käfer ertränkt hätten, die gerade zusammen ein Heim gründen wollten und sich nach einer schönen trockenen Stelle umsahen, wo sie wohnen könnten.

„Sie muß wirklich romantisch veranlagt sein", sagte das Feuerrad, „denn sie weint, wo es gar nichts zu weinen gibt." Und es seufzte tief auf und dachte an seine Holzschachtel. Aber die römische Kerze und das bengalische Licht waren ganz empört und riefen immer wieder aus vollem Hals: „Schwindel! Schwindel!" Sie dachten überaus praktisch, und wann immer sie gegen irgend etwas waren, nannten sie es Schwindel.

Dann ging der Mond auf wie ein wundervoller silberner Schild; die Sterne begannen zu schimmern, und Musik klang vom Palast herüber.

Der Prinz und die Prinzessin führten den Tanz an. Sie tanzten so schön, daß die hohen weißen Lilien ihnen verstohlen durch die Fenster zuschauten, und die großen roten Mohnblumen nickten mit ihren Köpfen und schlugen den Takt.

Dann schlug es zehn Uhr und dann elf und dann zwölf, und beim letzten Schlag Mitternacht kamen alle auf die Terrasse heraus, und der König ließ den Königlichen Pyrotechniker holen.

„Beginnt mit dem Feuerwerk“, sagte der König. Der Königliche Pyrotechniker machte eine tiefe Verbeugung und ging an den äußersten Rand des Gartens. Er hatte sechs Diener bei sich, von denen jeder an einem langen Stock eine brennende Fackel trug.

Es war ein ganz prächtiges Schauspiel.

„Zisch! Zisch!“ machte das Feuerrad, als es sich rundherum drehte. „Brumm! Brumm!“ machte die römische Kerze. Dann tanzten die Schwärmer über den ganzen Platz, und die bengalischen Lichter ließen alles scharlachrot aussehen. „Auf Wiedersehen“, rief der Feuerball, als er fortschwebte und winzige blaue Funken herabregnen ließ. „Paff! Paff!“ antworteten die Knallfrösche, die sich herrlich amüsierte... Jeder war ein großer Erfolg außer der bedeutenden Rakete. Sie war so feucht vom Weinen, daß sie überhaupt nicht hochgehen konnte. Das Beste an ihr war das Schießpulver, und das war von den Tränen so naß, daß es völlig unbrauchbar war. Alle ihre armen Verwandten, zu denen sie nie anders als mit einem höhnischen Lächeln sprach, stiegen in den Himmel auf wie wundervolle goldene Blumen mit Blüten aus Feuer.

„Hurra! Hurra!“ rief der Hof; und die kleine Prinzessin lachte vor Vergnügen.

„Ich vermute, sie sparen mich für irgendeinen besonders großen Anlaß auf“, sagte die Rakete, „ja bestimmt, so ist es.“ Und sie sah hochmütiger aus als je.

Am nächsten Tag kamen die Arbeiter, um alles wieder aufzuräumen. „Das ist offensichtlich eine Deputation“, sagte die Rakete, „ich will sie mit entsprechender Würde empfangen.“ So steckte sie die Nase hoch in die Luft und runzelte streng die Stirn, als ob sie über etwas sehr Wichtiges nachdenke. Aber die Arbeiter nahmen überhaupt keine Notiz von ihr. Erst als sie gehen wollten, fiel sie einem von ihnen in die Augen. „He!“ rief er. „Was für eine schlechte Rakete!“ Und er warf sie über die Mauer in einen Graben.

„*Schlechte* Rakete? *Schlechte* Rakete?“ sagte sie, während sie durch die Luft wirbelte. „Unmöglich! ‚*Schöne* Rakete‘ sagte der Mann natürlich. *Schlecht* und *schön*, das klingt sehr ähnlich, und es ist oft tatsächlich

dasselbe.“ Und sie fiel in den Schlamm. „Gemütlich ist es hier ja nicht gerade“, bemerkte sie, „aber es ist sicher irgendein vornehmer Badeort, und sie haben mich hierhergeschickt, um meine Gesundheit wiederherzustellen. Meine Nerven sind ja auch wirklich sehr angegriffen, und ich brauche Ruhe.“

Da schwamm ein kleiner Frosch mit glänzenden Juwelenaugen und grüngesprenkelter Haut auf sie zu.

„Ein Neuankömmling, wie ich sehe!“ sagte der Frosch. „Nun, es geht ja auch wirklich nichts über Schlamm. Ich brauche bloß regnerisches Wetter und einen Wassergraben, und ich bin vollkommen glücklich. Glaubst du, es wird am Nachmittag regnen? Natürlich hoffe ich darauf, aber der Himmel ist ganz blau und wolkenlos. Wie schade!“

„Ehem! Ehem!“ sagte die Rakete und begann zu husten.

„Was für eine wunderbare Stimme du hast!“ rief der Frosch. „Es ist wie ein Quaken, und nichts in der Welt klingt natürlich so schön wie ein Quaken. Du wirst heute abend unseren Gesangsverein hören. Wir sitzen in dem alten Ententeich nahe dem Bauernhaus, und sobald der Mond aufgeht, fangen wir an. Es ist so bezaubernd, daß alle wach im Bett liegen, um uns zuzuhören. Ja, erst gestern wieder hörte ich die Bauersfrau zu ihrer Mutter sagen, daß sie in der Nacht kein Auge zutun könne wegen uns. Es ist doch höchst erfreulich zu erfahren, daß man so beliebt ist."

„Ehem! Ehem!" sagte die Rakete zornig. Sie ärgerte sich sehr, daß sie nicht zu Wort kam.

„Eine wunderbare Stimme, zweifellos", fuhr der Frosch fort. „Ich hoffe, du wirst zum Ententeich herüberkommen. Ich gehe jetzt, um meine Töchter zu suchen. Ich habe sechs schöne Töchter, und ich habe so Angst, der Hecht könnte ihnen begegnen. Er ist ein vollendetes Ungeheuer und würde nicht zögern, sie zum Frühstück zu verspeisen. Also, auf Wiedersehen: Ich versichere dir, das Gespräch mit dir hat mich sehr gefreut."

„Gespräch, in der Tat!" sagte die Rakete. „Du hast doch die ganze Zeit allein gesprochen. Ein Gespräch ist das nicht."

„Jemand muß zuhören", antwortete der Frosch, „und ich übernehme am liebsten das Reden. So spart man Zeit und verhütet Streit."

„Aber ich mag Streit", sagte die Rakete.

„Hoffentlich nicht", sagte der Frosch zuvorkommend. „Streit ist etwas ganz Vulgäres, denn in der guten Gesellschaft vertreten alle genau dieselben Meinungen. Zum zweiten Mal auf Wiedersehen; in der Ferne sehe ich schon meine Töchter." Und der kleine Frosch schwamm fort.

„Du bist eine überaus lästige Person", sagte die Rakete, „und sehr unhöflich. Ich hasse Leute, die wie du über sich selber reden, wenn man wie ich über sich selbst zu reden wünscht. Das nenne ich Selbstsüchtigkeit, und Selbstsüchtigkeit ist das Abscheulichste, besonders für jemanden von meinem Temperament, denn ich bin für meine mitfühlende Natur bekannt. Ja, du solltest dir ein Beispiel an mir nehmen, du könntest gar kein besseres Vorbild finden. Nun, da du einmal die Chance hast, solltest du sie lieber nutzen, denn ich kehre schon sehr bald wieder zum Hof zurück. Bei Hof bin ich sehr beliebt; der Prinz und die Prinzessin wurden mir zu Ehren gestern verheiratet. Du weißt natürlich gar nichts davon, denn du bist vom Land."

„Es hat gar keinen Zweck, zu ihm zu sprechen, überhaupt keinen Zweck“, sagte eine Libelle, die ganz oben auf einer großen braunen Binse saß. „Denn er ist schon wieder weg.“

„Nun, dann ist das sein Schaden, nicht meiner“, antwortete die Rakete. „Ich höre doch nicht auf, zu ihm zu sprechen, bloß weil er mir nicht zuhört. Ich liebe es, mich selbst sprechen zu hören. Es ist mir ein großes Vergnügen. Oft führe ich lange Gespräche mit mir selber, und ich bin so klug, daß ich manchmal nicht ein einziges Wort von dem verstehe, was ich sage.“

„Dann solltest du unbedingt Vorlesungen über Philosophie halten“, sagte die Libelle. Sie breitete ein Paar schöne Gazeflügel aus und flog auf in den Himmel.

„Wie dumm von ihr, nicht hier bei mir zu bleiben!“ sagte die Rakete. „Ich bin sicher, daß sich ihr nicht oft solch eine Gelegenheit bietet, ihren Geist zu bilden. Aber mir ist das vollkommen egal. Ein Genie wie ich wird mit Sicherheit eines Tages gewürdigt.“ Und sie sank ein bißchen tiefer in den Schlamm.

Nach einer Weile schwamm eine große weiße Ente auf sie zu. Sie hatte gelbe Beine und Schwimmfüße und wurde wegen ihres Watschelns für eine große Schönheit gehalten.

„Quack, quack, quack!“ sagte sie. „Was für eine merkwürdige Gestalt du bist! Darf ich fragen, ob du schon so auf die Welt gekommen bist oder ob das die Folge eines Unfalls ist?“

„Es ist ganz deutlich, daß du immer auf dem Land gelebt hast“, antwortete die Rakete, „sonst würdest du wissen, wer ich bin. Aber ich verzeihe dir deine Unwissenheit. Es wäre unfair, von anderen zu erwarten, daß sie genauso bedeutend sind wie man selbst. Du wirst bestimmt erstaunt sein zu hören, daß ich in den Himmel auffliegen und in einem Schauer von goldenem Regen herabkommen kann.“

„Davon halte ich nicht besonders viel“, sagte die Ente, „denn ich kann nicht verstehen, wem das nützen soll. Nun, wenn du die Felder pflügen könntest wie der Ochs oder den Karren ziehen wie das Pferd oder die Schafe hüten wie der Schäferhund, das wäre etwas.”

„Mein gutes Tier“, rief die Rakete in äußerst hochmütigem Ton, „ich

sehe, daß du zur Unterschicht gehörst. Eine Person in meiner Stellung ist niemals nützlich. Wir haben eine bestimmte Bildung, und das ist mehr als genug. Ich habe keinerlei Sympathie für Arbeit irgendwelcher Art, am wenigsten für Arbeiten, die du zu empfehlen scheinst. Ja, ich war immer der Meinung, daß in der harten Arbeit nur die Leute Zuflucht suchen, die überhaupt nichts zu tun haben."

„Ja, ja", sagte die Ente, die sehr friedlich war und sich nie mit irgend jemandem stritt, „die Geschmäcker sind eben verschieden. Jedenfalls hoffe ich doch, daß du dich hier niederläßt."

„O nein, meine Liebe!" rief die Rakete. „Ich bin hier bloß ein Gast, ein vornehmer Gast. Ich finde diesen Ort einfach ziemlich langweilig. Weder Gesellschaft noch Einsamkeit gibt es hier. Es ist wirklich ganz wie in einer Vorstadt. Vermutlich gehe ich an den Hof zurück, denn ich weiß, daß ich dazu bestimmt bin, in der Welt Aufsehen zu erregen."

„Ich habe auch einmal daran gedacht, ins öffentliche Leben zu treten", bemerkte die Ente. „Es gibt ja so vieles, was man verbessern müßte. Tatsächlich führte ich vor einiger Zeit den Vorsitz bei einer Versammlung, und wir faßten Beschlüsse, die alles verurteilten, was wir nicht mochten. Aber sie hatten scheinbar keine große Wirkung. Jetzt widme ich mich dem häuslichen Leben und kümmere mich um meine Familie."

„Ich bin für das öffentliche Leben geschaffen", sagte die Rakete, „und alle meine Verwandten ebenso, selbst die geringsten unter ihnen. Wann immer wir auftreten, erregen wir große Aufmerksamkeit. Ich selbst bin tatsächlich bis jetzt noch nicht aufgetreten, aber wenn es einmal soweit ist, wird das ein prächtiger Anblick sein. Das häusliche Leben läßt einen schneller alt werden und lenkt den Geist von höheren Dingen ab."

„Ach! Die höheren Dinge des Lebens, wie schön sind sie!" sagte die Ente. „Das erinnert mich daran, wie hungrig ich bin." Und sie schwamm den Bach hinab und sagte: „Quack, quack, quack."

„Komm zurück! Komm zurück!" schrie die Rakete. „Ich habe dir noch eine ganze Menge zu sagen." Aber die Ente schenkte ihr keine Aufmerksamkeit mehr.

„Ich bin froh, daß sie gegangen ist", sagte die Rakete zu sich selbst, „sie hat entschieden etwas vom Bewußtsein der Mittelklasse." Und sie sank noch ein bißchen tiefer in den Schlamm und begann über die Einsamkeit des Genies nachzudenken, als plötzlich zwei kleine Jungen in weißen Kitteln den Bach entlanggerannt kamen mit einem Kessel und Reisigbündeln.

„Das muß die Deputation sein", sagte die Rakete und versuchte sehr würdevoll auszusehen.

„Hallo!" rief einer der Jungen. „Schau dir diesen alten Stecken an! Ich frage mich, wie der hierher kommt." Und er zog die Rakete aus dem Graben heraus.

„Alter Stecken!" sagte die Rakete. „Unmöglich! Goldener Stecken, das ist sehr schmeichelhaft. Er verwechselt mich doch tatsächlich mit einem Würdenträger des Hofs!"

„Werfen wir ihn ins Feuer!" sagte der andere Junge. „Dann hilft er uns, den Kessel zum Kochen zu bringen."

So warfen sie die Reisigbündel auf einen Haufen, legten die Rakete

oben drauf und zündeten das Feuer an.

„Das ist herrlich“, rief die Rakete, „sie lassen mich am hellen Tag losgehen, so daß mich jeder sehen kann.“

„Wir wollen jetzt schlafen“, sagten sie, „und wenn wir wieder aufwachen, wird der Kessel kochen.“ Und sie legten sich ins Gras und schlossen die Augen.

Die Rakete war sehr feucht, deshalb dauerte es lange, bis sie brannte. Aber endlich fing sie doch Feuer.

“Jetzt gehe ich los!” rief sie, machte sich ganz steif und stellte sich aufrecht hin. “Ich weiß, ich werde viel höher hinaufsteigen als der Mond, viel höher als die Sonne. Ja, ich werde so hoch steigen, daß –”

„Fizz! Fizz! Fizz!“ Und sie ging senkrecht in die Luft.

„Wunderbar!“ rief sie. „So werde ich für immer weiter und weiter fliegen. Was für ein Erfolg ich bin!“

Aber niemand sah sie.

Dann durchströmte sie ein merkwürdiges Prickeln.

„Jetzt werde ich explodieren“, rief sie. „Ich stecke die ganze Welt in Brand und mache einen solchen Krach, daß ein ganzes Jahr lang niemand mehr von etwas anderem spricht.“ Und sie explodierte wirklich. „Peng! Peng! Peng!“ machte das Schießpulver. Daran war nicht zu zweifeln.

Aber niemand hörte sie, nicht einmal die beiden kleinen Jungen, denn sie waren fest eingeschlafen.

Schließlich war alles, was von ihr übrigblieb, ein Stecken, und der fiel einer Gans auf den Rücken, die am Bachrand entlangspazierte.

„Du lieber Himmel!“ rief die Gans. „Es regnet Stecken.“ Und sie stürzte sich ins Wasser.

„Ich wußte doch, ich würde Aufsehen erregen“, hauchte die Rakete und ging aus.

Der junge König

Es war die Nacht vor seinem Krönungstag, und der junge König saß allein in seinem schönen Zimmer.

Seine Höflinge hatten alle von ihm Abschied genommen, indem sie ihre Köpfe bis zum Boden neigten, wie es dem feierlichen Brauch dieses Tages entsprach, und hatten sich in den großen Saal des Palasts zurückgezogen, um ein paar letzte Unterrichtsstunden beim Professor für Hofzeremonielle zu erhalten; denn es gab einige unter ihnen, die noch ein ganz natürliches Benehmen hatten, was für einen Höfling, wie ich kaum zu sagen brauche, ein sehr schwerwiegendes Vergehen ist.

Der Junge – denn er war ein Junge, gerade erst sechzehn Jahre – war überhaupt nicht betrübt, daß sie weggingen, und hatte sich mit einem tiefen Seufzer der Erleichterung in die weichen Kissen auf seinem bestickten Bett geworfen; er lag da mit wildem Blick und offenem Mund, wie ein brauner Waldfaun oder irgendein junges Tier im Forst, das die Jäger gefangen haben. Tatsächlich waren es auch Jäger, die ihn gefunden hatten, fast zufällig waren sie auf ihn gestoßen, wie er barfuß mit einer Flöte in der Hand der Herde des armen Ziegenhirten folgte, der ihn aufgezogen hatte und dessen Sohn er immer geglaubt hatte zu sein.

Er war das Kind der einzigen Tochter des alten Königs und stammte aus einer heimlichen Ehe mit einem von viel geringerem Stand als sie selbst – einem Fremden, so sagten einige, der durch den wundervollen Zauber seines Lautenspiels die junge Prinzessin dazu bewogen hatte, ihn zu lieben; andere wieder sprachen von einem Künstler aus Rimini, dem die Prinzessin viel, vielleicht zu viel Verehrung gezeigt hatte und der plötzlich aus der Stadt verschwunden war und seine Arbeit in der Kathedrale unvollendet zurückließ. So war er, kaum eine Woche alt, von der Seite seiner Mutter weggestohlen worden, während sie geschlafen hatte, und zu einem gewöhnlichen Bauern und dessen Frau in Pflege gegeben. Diese hatten keine eigenen Kinder und wohnten in einem abgelegenen Teil des Waldes, mehr als einen Tagesritt entfernt von der Stadt.

Kummer oder die Pest, wie ein Hofarzt feststellte, oder, wie einige annahmen, ein schnelles italienisches Gift, einem Glas würzigem Wein beigemischt, tötete innerhalb einer Stunde nach ihrem Erwachen das weiße Mädchen, das ihm das Leben geschenkt hatte. Und als der treue Bote, der das Kind vor sich auf dem Sattel trug, von seinem müden Pferd stieg und an der schlichten Tür der Hütte des Ziegenhirten klopfte, wurde die Leiche der Prinzessin in ein offenes Grab hinabgesenkt, das in einem verlassenen Kirchhof jenseits der Stadttore gegraben worden war; ein Grab, in dem, wie man sagte, auch eine andere Leiche lag, die eines jungen Manns von wunderbarer fremder Schönheit, dessen Hände hinter seinem Rücken mit einer verknoteten Schnur zusammengebunden waren und dessen Brust voller roter Wunden war.

Wenigstens lautete so die Geschichte, die die Leute einander heimlich erzählten.

Sicher war nur, daß der alte König auf seinem Totenbett den Jungen hatte rufen lassen und ihn in Gegenwart des Rats als seinen Erben anerkannt hatte. Vielleicht war er geplagt von Reue über seine große Sünde oder wünschte einfach, daß das Königreich in seiner Familie bleibe.

Und es scheint so, daß der Junge vom Augenblick seiner Anerkennung an Zeichen einer sonderbaren Leidenschaft für Schönheit gezeigt hatte, die sein Leben so sehr beeinflussen sollte. Denen, die ihn zu der Zimmerflucht begleiteten, welche für ihn bestimmt war, sprachen oft vom

Schrei des Vergnügens, der ihm von den Lippen brach, als er die kostbare Kleidung und die prächtigen Juwelen sah, die für ihn zusammengestellt worden waren, und von der fast wilden Freude, mit der er die rauhe lederne Jacke und seinen groben Schaffellmantel beiseite warf. Natürlich vermißte er zeitweise die herrliche Freiheit seines Lebens im Wald und ärgerte sich immer wieder über die langweiligen Hofzeremonien, die soviel Zeit von jedem Tag beanspruchten. Aber der wundervolle Ort – „Joyeuse", wie sie ihn nannten –, als dessen Herr er sich jetzt wiederfand, schien eine neue Welt zu sein, wie geschaffen zu seiner Freude. Und sobald er aus der Ratsversammlung oder aus dem Audienzzimmer fliehen konnte, rannte er das große Treppenhaus mit seinen Löwen aus vergoldeter Bronze und seinen Stufen aus glänzendem Porphyr hinunter und wanderte von Zimmer zu Zimmer und von Gang zu Gang, wie einer, der in der Schönheit ein schmerzstillendes Mittel gegen Kummer zu finden versucht, eine Art Heilung von Krankheit.

Auf diesen Entdeckungsreisen, wie er sie immer nannte – und tatsächlich waren das für ihn ja wirkliche Reisen durch ein wundervolles Land –, wurde er manchmal begleitet von den schlanken blonden Hofpagen mit ihren wehenden Mänteln und bunten flatternden Bändern. Aber noch öfter war er allein, da er mit sicherem, schnellem Instinkt fühlte, was beinahe ein Erahnen war: daß die Geheimnisse der Kunst am besten im Verborgenen erkannt werden können und daß die Schönheit wie die Weisheit den einsamen Verehrer liebt.

In dieser Zeit wurden viele merkwürdige Geschichten über ihn erzählt. Man erzählte sich, daß ein beherzter Bürgermeister, der gekommen war, um eine blumig kunstreiche Ansprache für die Bürger der Stadt zu halten, ihn in wirklicher Anbetung vor einem großen Bild habe knien sehen, das gerade von Venedig gebracht worden war und das die Verehrung einiger neuer Götter zu verkündigen schien. Ein anderes Mal war er für einige Stunden vermißt worden, und nach längerem Suchen hatte man ihn in einem kleinen Zimmer entdeckt, in einem der nördlichen Türme des Palasts, wie er einen kostbaren griechischen Stein, in den die Figur des Adonis geschnitten worden war, anschaute wie verzückt. Man habe ihn gesehen, so wurde erzählt, wie er seine warmen Lippen auf die

Marmorstirn irgendeiner antiken Statue gepreßt habe, die mit dem Namen des Bithynischen Sklaven Hadrians beschriftet war und die man im Flußbett gefunden hatte, als man gerade eine steinerne Brücke baute. Er hatte eine ganze Nacht damit verbracht, die Wirkung des Mondlichts auf ein silbernes Bild von Endymion zu betrachten.

Alle seltenen und kostbaren Materialien übten eine große Faszination auf ihn aus, und in seinem heftigen Verlangen, sie zu erwerben, hatte er viele Kaufleute ausgeschickt, einige, damit sie von einem rauhen Fischervolk der nördlichen Meere für ihn Bernstein einhandeln sollten, andere, damit sie in Ägypten nach diesem seltsamen grünen Türkis suchen sollten, den man nur in den Königsgräbern finden kann und von dem es heißt, er besitze magische Kraft, wieder andere nach Persien wegen seidenen Teppichen und bemalten Tonwaren - und wieder andere nach Indien, um Gaze und getöntes Elfenbein zu kaufen, Mondsteine und Armbänder aus Jade, Sandelholz und blaues Email und Schals aus feiner Wolle.

Aber was ihn am meisten beschäftigte, war das Kleid, das er an seiner Krönung tragen würde, das Kleid aus gewebtem Gold, und die rubinbesetzte Krone und das Zepter mit seinen Reihen und Ringen aus Perlen. Ja, daran dachte er in dieser Nacht, als er sich in seinem luxuriösen Bett zurücklegte und den großen Kiefernholzast anschaute, der im offenen Kamin langsam verbrannte. Die Entwürfe, die von der Hand des berühmtesten Künstlers der Zeit stammten, waren ihm schon vor vielen Monaten vorgelegt worden, und er hatte angeordnet, daß die Künstler Tag und Nacht arbeiten sollten, um diese auszuführen, und daß man in der ganzen Welt nach Juwelen suchen sollte, die dieses Werks würdig wären. Er sah sich selbst in seiner Vorstellung am Hochaltar im Dom stehen im kostbaren Kleid eines Königs, und ein Lächeln spielte und blieb um seine jungenhaften Lippen und ließ seine dunklen Waldaugen mit einem hellen Glanz aufleuchten.

Nach einiger Zeit stand er von seinem Lager auf, und während er sich gegen das geschnitzte Kaminsims lehnte, schaute er im schwach beleuchteten Zimmer umher. Die Wände waren mit prächtigen Wandteppichen behängt, die den Triumph der Schönheit darstellten.

Ein großer Schrank, mit Achat und Lapislazuli ausgelegt, füllte eine Ecke aus, und gegenüber dem Fenster stand ein merkwürdig verzierter Kabinettschrank mit Lackverkleidungen aus pulverisiertem und zu einem Mosaik zusammengefügtem Gold, und darauf standen einige zierliche Becher aus Venezianischem Glas und eine Tasse aus dunkelgeädertem Onyx. Blasse Mohnblumen waren auf den seidenen Bettüberwurf gestickt, als wären sie aus den müden Händen des Schlafs gefallen, und hohe Säulen aus gerilltem Elfenbein trugen den samtenen Baldachin, aus dem große Büschel von Straußenfedern sprossen wie weißer Schaum, empor zum fahlen Silber der Kassettendecke. Ein lachender Narziß aus grüner Bronze hielt einen blanken Spiegel über dem Kopf. Auf dem Tisch stand eine flache Schale aus Amethyst.

Draußen konnte er die riesige Kuppel des Doms wie eine Blase über den schattengleichen Häusern aufragen sehen, und die müden Wächter gingen auf und ab auf der dunstigen Terrasse am Ufer. Fern in einem Obstgarten sang eine Nachtigall. Ein schwacher Duft von Jasmin drang durch das offene Fenster. Er strich seine braunen Locken aus der Stirn, nahm eine Laute und ließ seine Finger über die Saiten gleiten. Seine schweren Augenlider sanken, und ein sonderbares Sehnen überkam ihn. Nie zuvor hatte er so begeistert oder mit lebhafter Freude den Zauber und das Geheimnis des Schönen empfunden.

Als es im Glockenturm Mitternacht schlug, zog er an einer Klingel, und seine Pagen kamen herein und zogen ihn sehr feierlich aus, gossen Rosenwasser über seine Hände und streuten Blumen auf sein Kopfkissen. Wenige Augenblicke nachdem sie sein Zimmer verlassen hatten, schlief er ein.

Und während er schlief, träumte er einen Traum, und dies war sein Traum. Er glaubte, er stehe in einer langen, niedrigen Dachstube, mitten im Surren und Klappern vieler Webstühle. Das spärliche Tageslicht blickte herein durch die vergitterten Fenster und zeigte ihm die mageren, sich über ihre Rahmen beugenden Gestalten der Weber. Blasse, krank aussehende Kinder kauerten auf den großen Querbalken. Wenn die Weberschiffchen sich durch die Längsfäden stürzten, hoben die Weber die schweren Laden, und wenn die Weberschiffchen anhielten, ließen sie die Laden fallen und drückten die Fäden zusammen. Ihre Gesichter waren ausgemergelt vom Hunger, und ihre dünnen Hände bebten und zitterten. Einige abgezehrte Frauen saßen nähend am Tisch. Ein schrecklicher Geruch erfüllte den Raum. Die Luft war schlecht und schwer, und die Wände tropften und trieften vor Feuchtigkeit.

Der junge König ging zu einem der Weber, stellte sich neben ihn und schaute zu.

Der Weber schaute ihn zornig an und sagte: „Warum beobachtest du mich? Bist du ein Spion, den unser Herr auf uns gehetzt hat?“

„Wer ist dein Herr?“ fragte der junge König.

„Unser Herr!“ rief der Weber bitter. „Er ist ein Mensch wie ich. Ja wirklich, es gibt nur diesen einen Unterschied zwischen uns, daß er elegante Kleider trägt, während ich in Lumpen herumgehe, und daß er, während ich schwach vor Hunger bin, am meisten an Überfütterung leidet.“

„Das Land ist frei“, sagte der junge König, „und du bist keines anderen Menschen Sklave.“

„Im Krieg“, antwortete der Weber, „machen die Starken aus den Schwachen Sklaven, und im Frieden machen die Reichen aus den Armen Sklaven. Wir müssen arbeiten, um leben zu können, und sie zahlen uns so schlechte Löhne, daß wir sterben. Wir schuften für sie den ganzen Tag, und sie häufen in ihren Truhen Gold an, unsere Kinder schwinden dahin vor ihrer Zeit, und die Gesichter derer, die wir lieben, werden hart und böse. Wir pressen die Trauben mit den Füßen aus, und ein anderer trinkt den Wein. Wir säen das Korn, und unser eigener Tisch ist leer. Wir sind an Ketten, obwohl kein Auge sie sieht; und sind Sklaven, obwohl uns die Menschen frei nennen.“

„Geht es allen so?“ fragte der junge König.

„Es geht allen so“, antwortete der Weber, „den Jungen wie den Alten, den Frauen wie den Männern, den kleinen Kindern wie den Bejahrten. Die Kaufleute unterdrücken uns, und wir müssen tun, was sie befehlen. Der Priester reitet vorbei und spricht seine Gebete, und kein Mensch sorgt sich um uns. Durch unsere sonnenlosen Gassen kriecht die Armut mit ihren hungrigen Augen, und die Sünde mit ihrem abgestumpften Gesicht folgt dicht hinter ihr. Das Elend weckt uns am Morgen, und die Schande sitzt bei uns in der Nacht. Aber was gehen dich diese Dinge an? Du bist keiner von uns. Dein Gesicht ist zu glücklich.“ Mit düsterem Blick wandte er sich ab und warf das Weberschiffchen durch den Webrahmen, und der junge König sah, daß dieser mit einem goldenen Faden durchzogen wurde.

Ein großer Schrecken überfiel ihn, und er sagte zu dem Weber: „Was ist dies für ein Kleid, an dem du webst?“

„Es ist das Kleid für die Krönung des jungen Königs“, antwortete dieser, „was geht dich das an?“

Der junge König stieß einen lauten Schrei aus und erwachte, und schau, er war in seinem eigenen Zimmer, und durch das Fenster sah er den großen honigfarbenen Mond in der dämmerigen Luft hängen.

Und er schlief wieder ein und träumte, und dies war sein Traum. Er glaubte, auf dem Deck einer riesigen Galeere zu liegen, die von hundert

Sklaven gerudert wurde. Auf einem Teppich neben ihm saß der Kapitän der Galeere. Er war schwarz wie Ebenholz, und sein Turban war aus karmesinroter Seide. Große Ohrringe aus Silber zogen seine dicken Ohrläppchen nach unten, und in seinen Händen hielt er eine Waage aus Elfenbein.

Die Sklaven waren nackt bis auf zerlumpte Lendenschurze, und jeder war an seinen Nebenmann gekettet. Die heiße Sonne stach grell auf sie herab, und die Schwarzen liefen den Gang auf und ab und schlugen sie mit Peitschen aus Tierhaut. Die Sklaven streckten ihre dürren Arme aus und zogen die schweren Ruder durchs Wasser. Die Salzgischt flog von den Ruderblättern.

Schließlich erreichten sie eine kleine Bucht und fingen an zu loten. Ein leichter Wind blies vom Strand her und bedeckte das Deck und das große Lateinsegel mit feinem rotem Staub. Drei Araber stiegen auf wilde Esel, ritten heran und bewarfen sie mit Speeren. Der Kapitän der Galeere nahm einen bemalten Bogen in die Hand und schoß

einem von ihnen in den Hals. Er fiel schwer in die Brandung, und seine Gefährten galoppierten fort. Eine Frau, gehüllt in einen gelben Schleier, folgte langsam auf einem Kamel und schaute hin und wieder nach dem Toten zurück.

Sobald sie vor Anker gegangen waren und das Segel geborgen hatten, gingen die Schwarzen in den Schiffsraum und brachten eine lange, mit Blei beschwerte Strickleiter herauf. Der Kapitän der Galeere warf sie über Bord und befestigte die Enden an zwei eisernen Pfosten. Dann ergriffen die Schwarzen den jüngsten Sklaven, schlugen seine Fesseln weg, verstopften ihm die Nasenlöcher und Ohren mit Wachs und banden einen großen Stein um seine Taille. Er kroch müde die Leiter hinab und verschwand im Meer. Ein paar Blasen stiegen auf, wo er sank. Einige Sklaven blickten neugierig über Bord. Am Schiffsbug saß ein Haifischbeschwörer, der monoton auf eine Trommel schlug.

Nach einer Weile stieg der Taucher wieder aus dem Wasser und klammerte sich, mit einer

Perle in seiner rechten Hand, keuchend an der Leiter fest. Die Schwarzen entrissen sie ihm und stießen ihn zurück. Die Sklaven schliefen über ihren Rudern ein.

Wieder und wieder kam er herauf, und jedes Mal brachte er eine schöne Perle mit. Der Kapitän der Galeere wog sie und steckte sie in eine kleine Tasche aus grünem Leder.

Der junge König versuchte zu sprechen, aber seine Zunge schien am Gaumen zu kleben, und seine Lippen wollten sich nicht bewegen. Die Schwarzen plauderten miteinander und begannen, sich um eine Schnur leuchtender Perlen zu streiten. Zwei Kraniche umkreisten wieder und wieder das Schiff.

Dann kam der Taucher zum letzten Mal herauf, und die Perle, die er brachte, war schöner als alle Perlen des Ormuzd, denn sie war geformt wie der Vollmond und weißer als der Morgenstern. Aber sein Gesicht war seltsam blaß, und als er auf das Deck fiel, strömte ihm das Blut aus Ohren und Nase. Er zitterte eine Weile, dann lag er still da. Die Schwarzen zuckten mit den Schultern und warfen die Leiche über Bord.

Der Kapitän der Galeere lachte, griff nach der Perle und nahm sie, und als er sie anschaute, drückte er sie an seine Stirn und verneigte sich. „Sie soll für das Zepter des jungen Königs sein“, sagte er und gab den Schwarzen ein Zeichen, den Anker zu lichten.

Als der junge König dies hörte, stieß er einen lauten Schrei aus und erwachte, und durch das Fenster sah er die langen grauen Finger der Morgendämmerung nach den verblassenden Sternen greifen.

Und er schlief wieder ein und träumte, und dies war sein Traum. Er glaubte, er wandere durch einen dunklen Wald, in dem fremde Früchte und schöne giftige Blumen hingen. Die Nattern zischten ihn an, als er vorüberging, und die leuchtenden Papageien flogen kreischend von Ast zu Ast. Riesige Schildkröten lagen schlafend im heißen Schlamm. Die Bäume waren voller Affen und Pfauen.

Weiter und weiter ging er, bis er den Rand des Waldes erreichte, und dort sah er eine riesige Menschenmenge in einem ausgetrockneten Flußbett arbeiten. Sie kletterten die Felsen hinauf wie Ameisen. Sie gruben

tiefe Löcher in den Boden und stiegen hinein. Einige spalteten die Felsen mit großen Beilen; andere tasteten im Sand herum. Sie rissen den Kaktus an den Wurzeln heraus und zertrampelten die scharlachroten Blüten. Sie liefen eilig umher, riefen einander zu, und niemand war untätig. Aus dem Dunkel einer Höhle schauten der Tod und die Habsucht ihnen zu, und der Tod sagte: „Ich bin müde; gib mir ein Drittel von ihnen und laß mich gehen."

Aber die Habsucht schüttelte den Kopf. „Sie sind meine Diener", antwortete sie.

Und der Tod sagte zu ihr: „Was hast du in deiner Hand?"

„Ich habe drei Körner Weizen", antwortete sie, „was geht dich das an?"

„Gib mir eines davon", rief der Tod, „damit ich wenigstens eines davon in meinen Garten pflanzen kann, dann will ich gehen."

"Nichts will ich dir geben", sagte die Habsucht und verbarg ihre Hand in den Falten ihres Kleids.

Der Tod lachte, nahm eine Tasse und tauchte sie in ein Wasserloch, und aus der Tasse stieg die Malaria auf. Sie ging durch die große Menge, und jeder Dritte lag tot da. Ein kalter Nebel folgte der Malaria, und die Wasserschlangen huschten neben ihm her.

Als die Habsucht sah, daß ein Drittel der Menge tot war, schlug sie sich an die Brust und weinte. Sie schlug sich an den dürren Busen und schrie laut. „Du hast ein Drittel meiner Diener erschlagen“, rief sie, „verschwinde. In den Bergen der Tartarei ist Krieg, und die Könige beider Parteien rufen nach dir. Die Afghanen haben den schwarzen Stier geschlachtet und marschieren in den Kampf. Sie haben mit ihren Speeren auf ihre Schilde geschlagen und haben ihre Eisenhelme aufgesetzt. Was zählt da mein Tal für dich, daß du hier bleiben solltest? Verschwinde, und komm nie wieder hierher.“

„Nein“, antwortete der Tod, „ich will nicht gehen, bevor du mir nicht ein Korn Weizen gegeben hast.“

Aber die Habsucht verschloß ihre Hand und biß die Zähne zusammen.

„Ich will dir nichts geben“, murmelte sie.

Der Tod lachte, hob einen schwarzen Stein auf und warf ihn in den Wald, und aus einem Dickicht wilden Schierlings kam das Fieber in einem Kleid aus Flammen. Es ging durch die Menge und berührte sie, und jeder, den es berührte, starb. Das Gras verwelkte an seinen Füßen, wo es ging.

Die Habsucht schauderte und streute sich Asche auf den Kopf.

„Du bist grausam", schrie sie, „du bist grausam. Hunger herrscht in den ummauerten Städten Indiens, und die Zisternen von Samarkand sind ausgetrocknet. Hunger herrscht in den ummauerten Städten Ägyptens, und die Heuschrecken sind von der Wüste hergekommen. Der Nil hat seine Ufer nicht überschwemmt , und die Priester haben Isis und Osiris verflucht. Geh fort zu denen, die dich brauchen und lasse mir meine Diener."

„Nein", antwortete der Tod, „ich will nicht gehen, bevor du mir nicht ein Korn Weizen gegeben hast."

„Ich will dir nichts geben", sagte die Habsucht.

Der Tod lachte wieder, pfiff durch die Finger, und eine Frau kam durch die Luft geflogen. „Pest" stand auf ihrer Stirn geschrieben, und eine Schar magerer Geier umkreiste sie. Sie bedeckte das Tal mit ihren Flügeln, und niemand blieb am Leben.

Und die Habsucht floh heulend durch den Wald. Der Tod sprang auf sein rotes Pferd und galoppierte davon, und sein Galopp war schneller als der Wind.

Und aus dem Schlamm am Boden des Tals krochen Drachen und gräßliche Wesen mit Schuppen, die Schakale kamen über den Sand entlanggetrabt und schnupperten mit ihren Nasenlöchern in die Luft.

Der junge König weinte und sagte: „Wer waren diese Menschen, und was haben sie gesucht?"

„Rubine für eine Königskrone", antwortete einer, der hinter ihm stand.

Der junge König fuhr zusammen, drehte sich um und sah einen Mann, der wie ein Pilger gekleidet war und einen silbernen Spiegel in seiner Hand hielt.

Er wurde blaß und sagte: „Für welchen König?"

Der Pilger antwortete: „Schau in diesen Spiegel, und du wirst ihn sehen."

Der junge König schaute in den Spiegel, und als er sein eigenes Gesicht sah, stieß er einen lauten Schrei aus und erwachte, das helle Sonnenlicht strömte in das Zimmer, und in den Bäumen im Garten sangen die Vögel.

Und der Kammerherr und die hohen Staatsbeamten kamen herein und verbeugten sich vor ihm, und die Pagen brachten ihm das Kleid aus gewebtem Gold und legten die Krone und das Zepter vor ihn hin.

Und der junge König schaute beides an, und sie waren schön. Schöner waren sie als alles, was er je gesehen hatte. Aber er erinnerte sich an seine Träume und sagte zu seinen Lords: „Bringt diese Dinge weg, ich will sie nicht tragen."

Die Höflinge waren erstaunt, und einige von ihnen lachten, denn sie dachten, er scherze.

Aber er sagte noch einmal streng zu ihnen: „Bringt diese Dinge weg, und verbergt sie vor mir. Auch wenn heute der Tag meiner Krönung ist, ich will sie nicht tragen. Denn auf dem Webstuhl des Kummers und mit den weißen Händen des Leidens wurde dies mein Kleid gewoben. Blut ist im Innersten des Rubins, der Tod im Innersten der Perle." Und er erzählte seine drei Träume.

Während die Höflinge sie hörten, schauten sie einander an und flüsterten: „Sicher ist er wahnsinnig; denn was ist ein Traum anderes als ein Traum, eine Vision anderes als eine Vision? Sie sind nichts Wirkliches, das man beachten sollte. Was haben wir mit dem Leben derer zu tun, die für uns arbeiten? Soll man kein Brot essen, bis man den Säenden gesehen, noch Wein trinken, bis man mit dem Winzer gesprochen hat?"

Und der Kammerherr sprach zum jungen König: „Mein Herr, ich bitte dich, gib diese düsteren Gedanken auf, zieh dieses schöne Kleid an, und setze diese Krone auf den Kopf. Denn wie sollen die Leute erkennen, daß du ein König bist, wenn du kein Königskleid anhast?"

Der junge König blickte ihn an. „Ist das so, wirklich?" fragte er. „Werden sie mich nicht als König erkennen, wenn ich nicht ein Königskleid trage?"

„Sie werden dich nicht erkennen, mein Herr", rief der Kammerherr.

„Ich hatte gedacht, es habe Menschen gegeben, die wie Könige waren", antwortete der junge König, „aber es kann so sein, wie du sagst. Und dennoch will ich dieses Kleid nicht tragen, noch will ich mich mit dieser Krone krönen lassen, sondern so wie ich in den Palast kam, will ich ihn wieder verlassen."

Er wies alle an, ihn allein zu lassen, nur einen Pagen behielt er als Gefährten bei sich, einen Jungen, der ein Jahr jünger war als er selbst. Er behielt ihn bei sich zu seiner Bedienung, und nachdem er in klarem Wasser gebadet hatte, öffnete er eine große bemalte Truhe und nahm die lederne Jacke und den rauhen Schaffellmantel heraus, die er getragen hatte, als er am Berghang den zottigen Ziegen des Ziegenhirten zugesehen hatte. Diese zog er an, und in die Hand nahm er seinen groben Schäferstock.

Der kleine Page öffnete verwundert seine großen blauen Augen und sagte lächelnd zu ihm: „Mein Herr, ich sehe dein Kleid und dein Zepter, aber wo ist deine Krone?"

Und der junge König pflückte einen Zweig vom wilden Rosenstrauch, der um den Balkon rankte, bog ihn und machte einen Kranz daraus und setzte ihn sich

auf den Kopf.

„Dies soll meine Krone sein“, antwortete er.

So zurechtgemacht ging er aus seinem Zimmer in den großen Saal, wo die Adligen auf ihn warteten.

Und die Adligen machten sich lustig, und einige riefen ihm zu: „Mein Herr, die Leute warten auf ihren König, und du zeigst ihnen einen Bettler“; andere waren erzürnt und sagten: „Er bringt Schande über unseren Staat und ist unwürdig, unser Herr zu sein.“ Aber er antwortete ihnen mit keinem Wort, sondern ging vorüber und ging die glänzende Porphyrtreppe hinunter und hinaus durch die bronzenen Tore, stieg auf sein Pferd und ritt auf den Dom zu, während der kleine Page neben ihm her rannte.

Und die Leute lachten und sagten: „Da reitet der Narr des Königs vorbei“, und sie verspotteten ihn.

Er zog die Zügel an und sagte: „Nein, ich bin doch der König.“ Und er erzählte ihnen seine drei Träume.

Und ein Mann kam aus der Menge und sprach bitter zu ihm: „Herr, weißt du nicht, daß durch den Luxus der Reichen das Leben der Armen erst möglich wird? Durch den Prunk werden wir ernährt, und eure Laster verschaffen uns Brot. Für einen harten Herrn zu arbeiten ist bitter, aber keinen Herrn zu haben, für den man arbeiten kann, ist noch viel bitterer. Denkst du, daß die Raben uns füttern werden? Und was für ein Heilmittel hast du für diese Dinge? Willst du zum Käufer sagen: ‚Du sollst für so viel Geld einkaufen‘, und zum Verkäufer: ‚Du sollst zu diesem Preis verkaufen?‘ Ich glaube nicht. Deshalb geh doch zu deinem Palast zurück, und leg dein Purpur und dein feines Leinen an. Was hast du mit uns zu tun und mit dem, was wir leiden?“

„Sind die Reichen und die Armen nicht Brüder?“ fragte der junge König.

„Ja“, antwortete der Mann, „und der Name des reichen Bruders ist Kain.“

Die Augen des jungen Königs füllten sich mit Tränen, er ritt weiter durch die murrende Menge, und der kleine Page bekam Angst und verließ ihn.

Als er das große Portal des Doms erreichte, streckten die Soldaten ihre Hellebarden heraus und sagten: „Was suchst du hier? Keiner kommt zu dieser Tür herein außer dem König."

Sein Gesicht wurde rot vor Zorn, und er sagte zu ihnen: „Ich bin der König", und er schob ihre Hellebarden mit einer Handbewegung beiseite und ging hinein.

Und als der alte Bischof ihn kommen sah in seinem Ziegenhirtenkleid, stand er verwundert von seinem Thron auf, um ihm entgegenzugehen, und sagte zu ihm: „Mein Sohn, sind dies die Kleider eines Königs? Mit welcher Krone soll ich dich krönen, und welches Zepter soll ich in deine Hand legen? Wirklich, das sollte für dich doch ein Freudentag sein und nicht ein Tag der Erniedrigung."

„Soll die Freude tragen, was der Schmerz geschaffen hat?" sagte der junge König. Und er erzählte ihm seine drei Träume.

Als der Bischof sie gehört hatte, zog er die Augenbrauen zusammen und sagte: „Mein Sohn, ich bin ein alter Mann und im Winter meiner Tage, und ich weiß, daß viel Schlechtes getan wird in der weiten Welt. Die wilden Räuber kommen herunter von den Bergen und tragen die kleinen Kinder weg und verkaufen sie an die Mohren. Die Löwen liegen und warten auf die Karawanen und stürzen sich auf die Kamele. Der wilde Eber reißt das Korn im Tal aus, und die Füchse zernagen die Reben auf dem Hügel. Die Piraten verwüsten die Meeresküste und verbrennen die Schiffe der Fischer und nehmen ihnen die Netze weg. In den Salzsümpfen leben die Aussätzigen; sie haben Häuser aus geflochtenem Schilf, und niemand darf ihnen nahe kommen. Die Bettler wandern durch die Städte und essen mit den Hunden. Kannst du bewirken, daß es das alles nicht mehr gibt? Willst du den Aussätzigen zu dir in dein Bett nehmen und den Bettler an deinen Tisch setzen? Soll der Löwe tun, was du ihm befiehlst, und der wilde Eber dir gehorchen? Ist nicht Er, der das Leiden erschuf, weiser als du? Deshalb rühme ich dich nicht für das, was du getan hast, sondern ich befehle dir, reite zum Palast zurück, mache dein Gesicht glücklich, und leg dein Kleid an, das sich für einen König ziemt. Und mit der Krone aus Gold will ich dich krönen, das Perlenzepter will ich dir in die Hand legen. Und an deine Träume denke nicht mehr. Die Last dieser Welt ist zu groß, als daß ein

Mensch sie tragen könnte, und der Kummer dieser Welt zu schwer, als daß ein Herz ihn aushalten kann."

„Sagst du das in diesem Haus?" sagte der junge König, und er ging am Bischof vorbei und stieg die Stufen des Altars hinauf und stand vor dem Bild Christi.

Er stand vor dem Bild Christi, und zu seiner Rechten und zu seiner Linken standen die wundervollen Gefäße aus Gold, der Kelch mit dem gelben Wein und das Fläschchen mit dem heiligen Öl. Er kniete vor dem Bild Christi, und die großen Kerzen brannten hell neben dem juwelenbesetzten Schrein, und Schwaden von Weihrauch wanden sich in dünnen blauen Kränzen durch den Dom. Er neigte seinen Kopf zum Gebet, und die Priester in ihren steifen Chormänteln schlichen vom Altar weg.

Plötzlich kam von der Straße draußen ein wilder Lärm, und herein traten die Adligen mit gezogenen Schwertern und nickenden Federn und Schilden aus blankem Stahl. „Wo ist dieser Träumer von Träumen?" riefen sie. „Wo ist dieser König, der gekleidet ist wie ein Bettler – dieser Junge, der Schande über unseren Staat bringt? Wirklich, wir wollen ihn erschlagen, denn er ist nicht würdig, über uns zu herrschen."

Der junge König neigte wieder seinen Kopf und betete, und als er sein Gebet beendet hatte, stand er auf, drehte sich um und schaute sie traurig an.

Und schau! Durch die bemalten Fenster kam das Sonnenlicht, überströmte ihn, und die Sonnenstrahlen umspannten ihn mit einem gewebten Kleid, das schöner war als das Kleid, das ihm zur Freude genäht worden war. Der tote Stock blühte und trug Lilien, die weißer waren als Perlen. Der trockene Dornenstrauch blühte und trug Rosen, die röter waren als Rubine. Weißer als edle Perlen waren die Lilien, und ihre Stiele waren aus glänzendem Silber. Röter als leuchtende Rubine waren die Rosen, und ihre Blätter waren aus gehämmertem Gold.

Er stand da in einem Königskleid, und die Türen des juwelenbesetzten Altars flogen auf, und vom Kristall der vierstrahligen Monstranz schien ein wunderbares und mystisches Licht. Er stand da in einem Königskleid, und der Glanz Gottes erfüllte den Ort, und die Heiligen in ihren geschnitzten

Nischen schienen sich zu bewegen. Im schönen Kleid eines Königs stand er vor ihnen, und die Orgel ließ ihre Musik erklingen, die Trompeter bliesen auf ihren Trompeten, und die Sängerknaben sangen.

Die Leute fielen in Ehrfurcht auf die Knie, und die Adeligen steckten ihre Schwerter in die Scheide und huldigten ihm, und das Gesicht des Bischofs wurde blaß, und seine Hände zitterten. „Ein Größerer als ich hat dich gekrönt", rief er und kniete vor ihm nieder.

Und der junge König kam herab vom Hochaltar und ging mitten durch die Menschenmenge nach Hause. Aber niemand wagte, sein Gesicht anzuschauen, denn es war wie das Gesicht eines Engels.